## NE능률 영어교과서

대한민국 고등학생 **10**명 중 **4.7**명이 보는 교과서

영어 고등 교과서 점유율 1위

[7차, 2007 개정, 2009 개정, 2015 개정]

## 능률보카

그동안 판매된
능률VOCA 1,100만 부

대한민국 박스오피스
**천만명을 넘은 영화
단 28개**

## 리딩튜터

그동안 판매된
리딩튜터 1,900만 부
차곡차곡 쌓으면 19만 미터

**에베레스트
21 배 높이**

190,000m

에베레스트 8,848m

## 그래머존

그동안 판매된 450만 부의 그래머존을 ... 까며

**1000km** 서울-부

서울

부산

KB013935

주니어 능률 VOCA STARTER 1

| | |
|---|---|
| **지은이** | NE능률 영어교육연구소 |
| **선임연구원** | 김지현 |
| **연구원** | 조유람, 채민정, 이정민 |
| **영문 교열** | Olk Bryce Barrett, Curtis Thompson, Angela Lan |
| **표지·내지 디자인** | 민유화, 조가영 |
| **내지 일러스트** | 안홍준 |
| **맥편집** | 이인선 |
| | |
| **Photo Credits** | Shutter Stock |

# NE능률이
# 미래를
# 창조합니다.

건강한 배움의 고객가치를 제공하겠다는 꿈을 실현하기 위해
40년이 넘는 시간 동안 열심히 달려왔습니다.

앞으로도 끊임없는 연구와 노력을 통해
당연한 것을 멈추지 않고

고객, 기업, 직원 모두가 함께 성장하는 NE능률이 되겠습니다.

NE 능률

· 초등 교과서 필수 어휘 **40**일 완성 ·

# 주니어 능률
# VOCA

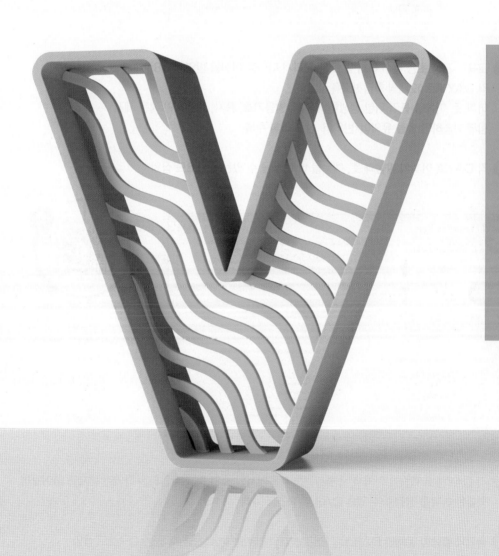

STARTER 1

# 구성과 특징

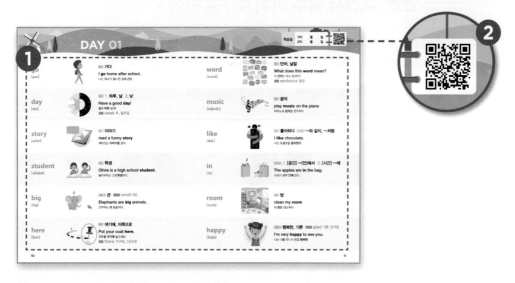

① 교육부 지정 초등 필수 어휘 및 초등 교과서 다빈출 어휘를 반영한 480개의 표제어를
   각 DAY별로 12개씩 학습하도록 제시
   어휘 뜻, 이해를 돕기 위한 생생한 이미지, 발음기호, 품사, 실용적인 예문 제시
   함께 학습하면 좋을 유의어·반의어·참고 어휘 수록

② 각 DAY별 어휘의 발음과 뜻, 예문을 바로 들을 수 있는 QR코드 삽입

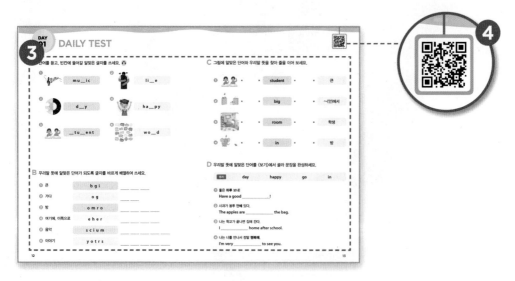

③ 각 DAY별로 학습한 이미지, 스펠링, 뜻, 예문에서의 쓰임 등을 확인하는 다양한 문제를 풀어보며
   학습한 어휘를 점검할 수 있는 DAILY TEST 수록

④ 듣기와 결합한 문제인 DAILY TEST – A의 어휘를 바로 들을 수 있는 QR코드 삽입

❺ 4개 DAY마다 뜻과 스펠링,
유의어·반의어 문제를 풀어보며
누적된 어휘를 반복 확인할 수 있는
REVIEW TEST 수록

❻ 전면 일러스트를 통해 추가적으로
주제별 어휘를 흥미롭게
학습할 수 있는 페이지 수록

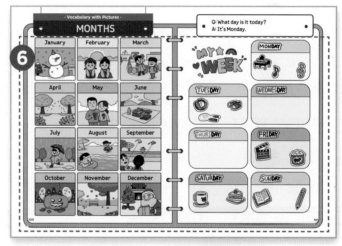

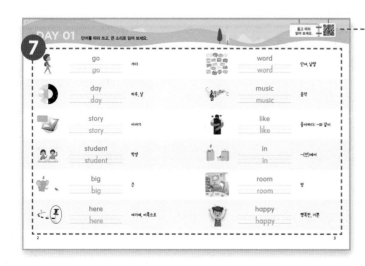

❼ 간편히 휴대하며 이미지와 함께
DAY별 어휘를 학습할 수 있는
어휘 암기장 제공

❽ 어휘 암기장의 어휘를 바로 들을 수
있는 QR코드 삽입

# 목차

# 학습 플랜

각 DAY별로 학습할 날짜를 계획하여 써 보거나 학습한 날짜를 적어 보세요.
학습 계획표 또는 진도표를 써 나가며 나만의 학습을 완성해 봅시다.

| DAY | 01 | 02 | 03 | 04 | 01-04 | 05 | 06 | 07 | 08 | 05-08 |
|---|---|---|---|---|---|---|---|---|---|---|
| 1차 학습일 | | | | | | | | | | |
| 2차 학습일 | | | | | | | | | | |

| DAY | 09 | 10 | 11 | 12 | 09-12 | 13 | 14 | 15 | 16 | 13-16 |
|---|---|---|---|---|---|---|---|---|---|---|
| 1차 학습일 | | | | | | | | | | |
| 2차 학습일 | | | | | | | | | | |

| DAY | 17 | 18 | 19 | 20 | 17-20 | 21 | 22 | 23 | 24 | 21-24 |
|---|---|---|---|---|---|---|---|---|---|---|
| 1차 학습일 | | | | | | | | | | |
| 2차 학습일 | | | | | | | | | | |

| DAY | 25 | 26 | 27 | 28 | 25-28 | 29 | 30 | 31 | 32 | 29-32 |
|---|---|---|---|---|---|---|---|---|---|---|
| 1차 학습일 | | | | | | | | | | |
| 2차 학습일 | | | | | | | | | | |

| DAY | 33 | 34 | 35 | 36 | 33-36 | 37 | 38 | 39 | 40 | 37-40 |
|---|---|---|---|---|---|---|---|---|---|---|
| 1차 학습일 | | | | | | | | | | |
| 2차 학습일 | | | | | | | | | | |

# 어휘 학습 TIP

## 주니어 능률 VOCA STARTER로
## 야무지게 어휘 학습하기!

### STEP 1

**1.** 학습할 DAY의 어휘를 미리 훑어보며 학습 내용을 파악합니다.

**2.** 페이지 위쪽의 QR코드를 스캔하여 어휘의 정확한 발음을 듣고 따라 읽습니다.

**3.** 이미지와 예문을 보며 어휘를 암기합니다.

**4.** DAILY TEST를 풀며 학습한 어휘를 확인합니다.

### STEP 2

**1.** 다음 DAY 어휘를 학습하기 전, 이전 DAY의 어휘를 복습합니다.

**2.** 다음 DAY 어휘를 학습합니다.

### STEP 3

**1.** 4개 DAY의 어휘를 다시 보며 복습합니다.

**2.** REVIEW TEST를 풀며 누적 학습으로 어휘를 다시 점검합니다.

# 발음기호와 품사

## 발음기호

발음기호는 영어의 소리를 표시하는 기호를 말합니다. 알파벳 하나가 여러 소리를 가지고 있기도 하기 때문에 발음기호를 알고 있으면 정확한 발음을 낼 수 있습니다.

### 자음

**1 유성자음**: 발음할 때 목이 떨리는 자음

혀가 입 천창에 닿지 않아요.

| 발음기호 | [b] | [d] | [m] | [n] | [r] | [l] | [z] | [ʒ] |
|---|---|---|---|---|---|---|---|---|
| 비슷한 우리말 소리 | ㅂ | ㄷ | ㅁ | ㄴ | ㄹ | ㄹ | ㅈ | 쥐 |
| 발음기호 | [dʒ] | [ð] | [g] | [v] | [h] | [ŋ] | [j] | [w] |
| 비슷한 우리말 소리 | (짧게) 즈, 쥐 | ㄷ | ㄱ | ㅂ | ㅎ | ㅇ | 이 | 우 |

이 사이로 혀끝을 내밀어요.  윗니가 아랫입술에 닿아요.  받침으로 발음해요.

예: judge [dʒʌdʒ]　　bathe [beið]　　morning [mɔ́ːrniŋ]

**2 무성자음**: 발음할 때 목이 떨리지 않는 자음

| 발음기호 | [p] | [f] | [θ] | [s] | [ʃ] | [k] | [t] | [tʃ] |
|---|---|---|---|---|---|---|---|---|
| 비슷한 우리말 소리 | ㅍ | ㅍ/ㅎ | ㅆ | ㅅ | 쉬 | ㅋ | ㅌ | (짧게) 츠, 취 |

윗니가 아랫입술에 닿아요.　이 사이로 혀끝을 내밀어요.

예: pocket [pákit]　　touch [tʌtʃ]　　kick [kik]

### 모음

**1 단모음**: 짧게 소리내는 모음

오와 어의 중간 소리예요.

| 발음기호 | [a] | [e] | [i] | [u] | [æ] | [ʌ] | [ɔ] | [ə] | [ɛ] |
|---|---|---|---|---|---|---|---|---|---|
| 비슷한 우리말 소리 | 아 | 에 | 이 | 우 | 애 | (강하게) 어 | 오, 어 | 어 | 에 |

예: cat [kæt]　　sell [sel]　　luck [lʌk]

**2 장모음**: 길게 소리내는 모음 ( : 표시는 소리를 길게 내라는 장음 표시입니다.)

| 발음기호 | [aː] | [iː] | [əː] | [uː] | [oː] |
|---|---|---|---|---|---|
| 비슷한 우리말 소리 | 아- | 이- | 어- | 우- | 오- |

예: eat [iːt]　　room [ruːm]　　peace [piːs]

**3 이중모음**: 한 음절을 이루는 연속되는 두 개의 서로 다른 모음

| 발음기호 | [ai] | [au] | [ei] | [ɔi] | [ɛə] | [iə] | [uə] |
|---|---|---|---|---|---|---|---|
| 비슷한 우리말 소리 | 아이 | 아우 | 에이 | 오이 | 에어 | 이어 | 우어 |

예: high [hai]　　mountain [máuntən]　　diary [dáiəri]

## 품사

영어 단어에는 명사, 대명사, 동사, 형용사, 부사, 전치사, 접속사, 감탄사가 있습니다.

**1 명사**　　사람, 동물, 사물, 장소 등의 이름을 나타내는 말
　　　　　　예: Jane(제인), man(남자), dog(개), bag(가방), bus(버스), Korea(한국)

**2 대명사**　명사를 대신하는 말
　　　　　　예: I(나), you(너), we(우리), he(그 남자), she(그 여자), it(그것), this(이것)

**3 동사**　　동작이나 상태를 나타내는 말
　　　　　　예: go(가다), see(보다), tell(말하다), be(~이다), have(가지다)

**4 형용사**　상태, 성질, 모양, 크기, 수량 등을 나타내는 말
　　　　　　예: good(좋은), easy(쉬운), big(큰), funny(재미있는)

**5 부사**　　시간, 장소, 방법, 정도, 빈도 등을 나타내는 말
　　　　　　예: now(지금), here(여기에), quietly(조용하게), always(언제나)

**6 전치사**　명사나 대명사 앞에 쓰여 시간, 장소, 목적 등을 나타내는 말
　　　　　　예: on(~위에), in(~안에), from(~부터), for(~을 위한)

**7 접속사**　단어와 단어, 문장과 문장을 이어주는 말
　　　　　　예: and(그리고), but(그러나), or(또는)

**8 감탄사**　기쁨, 슬픔, 놀람 등의 감정을 나타내는 말
　　　　　　예: Oh(오), Wow(우와), Oops(이크), Hooray(만세)

**go**
[gou]

동사 **가다**

I **go** home after school.
나는 학교가 끝나면 집에 **간다**.

**day**
[dei]

명사 1. **하루, 날** 2. **낮**

Have a good **day**!
좋은 **하루** 보내!
참고 week 주, 일주일

**story**
[stɔ́:ri]

명사 **이야기**

read a funny **story**
재미있는 **이야기**를 읽다

**student**
[stú:dnt]

명사 **학생**

Olivia is a high school **student**.
올리비아는 고등**학생**이다.

**big**
[big]

형용사 **큰** 반의어 small 작은

Elephants are **big** animals.
코끼리는 **큰** 동물이다.

**here**
[hiər]

부사 **여기에, 이쪽으로**

Put your coat **here**.
외투를 **여기에** 놓으세요.
참고 there 거기에, 그곳으로

## word
[wəːrd]

명사 **단어, 낱말**

What does this **word** mean?
이 **단어**는 무슨 뜻이야?

참고 sentence 문장

## music
[mjúːzik]

명사 **음악**

play **music** on the piano
피아노로 **음악**을 연주하다

## like
[laik]

동사 **좋아하다**   전치사 **～와 같이, ～처럼**

I **like** chocolate.
나는 초콜릿을 **좋아한다**.

## in
[in]

전치사 **1. [공간] ～(안)에서   2. [시간] ～에**

The apples are **in** the bag.
사과가 봉투 안에 있다.

## room
[ruːm]

명사 **방**

clean my **room**
내 **방**을 청소하다

## happy
[hǽpi]

형용사 **행복한, 기쁜**   유의어 glad 기쁜, 반가운

I'm very **happy** to see you.
나는 너를 만나서 정말 **행복해**.

11

# DAILY TEST

**A** 단어를 듣고, 빈칸에 들어갈 알맞은 글자를 쓰세요. 🎧

①  mu __ ic

②  li __ e

③  d __ y

④  ha __ py

⑤  __ tu __ ent

⑥  wo __ d

**B** 우리말 뜻에 알맞은 단어가 되도록 글자를 바르게 배열하여 쓰세요.

① 큰        b g i        ___ ___ ___

② 가다      o g         ___ ___

③ 방        o m r o     ___ ___ ___ ___

④ 여기에, 이쪽으로  e h e r   ___ ___ ___ ___

⑤ 음악      s c i u m    ___ ___ ___ ___ ___

⑥ 이야기     y o t r s    ___ ___ ___ ___ ___

**C** 그림에 알맞은 단어와 우리말 뜻을 찾아 줄을 이어 보세요.

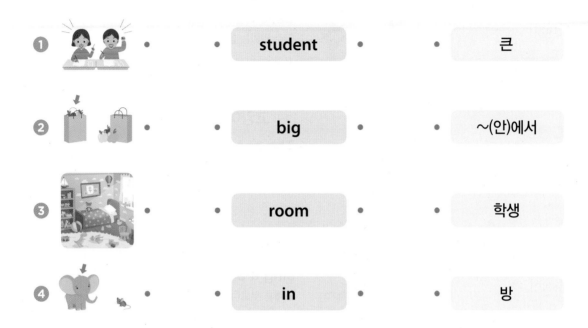

| | | |
|---|---|---|
| ① | student | 큰 |
| ② | big | ~(안)에서 |
| ③ | room | 학생 |
| ④ | in | 방 |

**D** 우리말 뜻에 알맞은 단어를 〈보기〉에서 골라 문장을 완성하세요.

| 보기 | day | happy | go | in |
|---|---|---|---|---|

① 좋은 **하루** 보내!

　Have a good _____!

② 사과가 봉투 **안에** 있다.

　The apples are _____ the bag.

③ 나는 학교가 끝나면 집에 **간다**.

　I _____ home after school.

④ 나는 너를 만나서 정말 **행복해**.

　I'm very _____ to see you.

# DAY 02

## food
[fu:d]

명사 **음식**

delicious **food**
아주 맛있는 **음식**

## cat
[kæt]

명사 **고양이**

The **cat** walks quietly.
고양이는 조용히 걷는다.

## song
[sɔːŋ]

명사 **노래**

sing a **song**
노래를 부르다

## have
[həv]

동사 **가지다**

I **have** a new smartphone.
나는 새 스마트폰을 가지고 있다.

## number
[nʌ́mbər]

12345
67890

명사 **수, 숫자**

Count the **numbers** from 1 to 10.
1부터 10까지 **숫자**를 세어라.

## there
[ðɛər]

부사 **거기에, 그곳으로**

It takes an hour to get **there**.
거기에 가려면 한 시간이 걸린다.
참고 **here** 여기에, 이쪽으로

14

## do
[du]

동사 (동작·행동을) 하다

**Do** your homework now.
지금 숙제를 **해라**.

## hat
[hæt]

명사 모자

wear a **hat**
**모자**를 쓰다

## soft
[sɔːft]

형용사 부드러운, 매끄러운
반의어 hard 단단한, 딱딱한

This cushion is very **soft**.
이 쿠션은 매우 **부드럽다**.

## clock
[klɑk]

명사 시계

That **clock** is one minute fast.
저 **시계**는 1분 빠르다.

## friend
[frend]

명사 친구

He is my best **friend**.
그는 나의 가장 친한 **친구**이다.

## breakfast
[brékfəst]

명사 아침 식사

She eats bread and milk for **breakfast**.
그녀는 **아침 식사**로 빵과 우유를 먹는다.
참고 lunch 점심 식사  dinner 저녁 식사

15

**A** 들려주는 순서대로 일치하는 그림에 번호를 쓰고, 알맞은 단어와 이어 보세요. 🎧

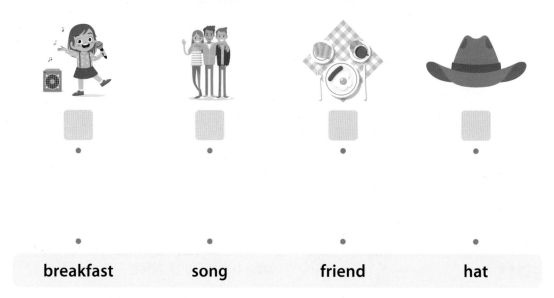

breakfast      song      friend      hat

**B** 우리말 뜻에 알맞은 단어가 되도록 글자를 바르게 배열하여 쓰세요.

① 수, 숫자    n e b r u m    ＿＿＿ ＿＿ ＿＿ ＿＿ ＿＿ ＿＿

② 가지다    a v h e    ＿＿ ＿＿ ＿＿ ＿＿

③ 부드러운    f o t s    ＿＿ ＿＿ ＿＿ ＿＿

④ 모자    a h t    ＿＿ ＿＿ ＿＿

⑤ 거기에    e t r h e    ＿＿ ＿＿ ＿＿ ＿＿ ＿＿

⑥ 노래    o n g s    ＿＿ ＿＿ ＿＿ ＿＿

**C** 그림에 알맞은 단어를 쓰고 퍼즐에서 찾아 동그라미 하세요.

①
② 

_____  _____

③
④

_____  _____

| c | a | t | o | k | s |
|---|---|---|---|---|---|
| j | l | l | l | d | o |
| n | m | o | o | h | f |
| t | q | o | c | o | t |
| c | f | j | z | k | x |
| k | f | p | x | f | c |

**D** 우리말 뜻에 알맞은 단어를 〈보기〉에서 골라 문장을 완성하세요.

| 보기 | have | breakfast | friend | clock |

① 그는 나의 가장 친한 **친구**이다.
He is my best _____.

② 나는 새 스마트폰을 **가지고** 있다.
I _____ a new smartphone.

③ 저 **시계**는 1분 빠르다.
That _____ is one minute fast.

④ 그녀는 **아침 식사**로 빵과 우유를 먹는다.
She eats bread and milk for _____.

# DAY 03

## want
[wɑnt]

동사 1. 원하다  2. ~하고 싶다

I **want** a new computer.
나는 새로운 컴퓨터를 원한다.

## to
[tuː]

전치사 1. [장소·방향] ~로, ~쪽으로
2. [범위] ~까지

walk **to** the park
공원으로 걸어가다

## good
[gud]

형용사 1. 좋은, 잘된  반의어 bad 나쁜
2. 즐거운, 기쁜

She is a **good** teacher.
그녀는 좋은 선생님이다.

## fish
[fiʃ]

명사 물고기  동사 낚시하다

catch a **fish**
물고기를 잡다

## sister
[sístər]

명사 언니, 누나, 여동생

My **sister** is fifteen years old.
우리 언니는 열다섯 살이다.
참고 brother 형, 오빠, 남동생

## season
[síːzn]

명사 계절

There are four **seasons** in Korea.
한국에는 네 개의 **계절**이 있다.

18

## can
[kən]

[동사] 1. ~할 수 있다　2. ~해도 된다

**He can swim in the sea.**
그는 바다에서 수영할 수 있다.

## start
[stɑːrt]

[동사] 1. **시작하다** [유의어] begin 시작하다
　　 2. **출발하다**

**The race will start soon.**
경주는 곧 **시작할** 것이다.

## old
[ould]

[형용사] 1. **나이 든, 늙은** [반의어] young 어린, 젊은
　　　 2. **~ 살[세]의**

**Mr. Wilson is an old man.**
윌슨 씨는 **나이 든** 남자이다.

## guitar
[gitáːr]

[명사] **기타**

**play the guitar**
기타를 연주하다

## doctor
[dáktər]

[명사] **의사**

**You have to see a doctor.**
너는 **의사**에게 진료를 받아야 한다.

## time
[taim]

[명사] 1. **시각**　2. **시간, 때**

**What time is it now?**
지금 몇 시야?

# DAILY TEST

A 단어를 듣고, 빈칸에 들어갈 알맞은 글자를 쓰세요. 🎧

①  g __ o d

②  o __ d

③  __ a n t

④  __ t a r __

⑤  g __ __ __ t a r

⑥  s __ s t e __

B 우리말 뜻에 알맞은 단어가 되도록 글자를 바르게 배열하여 쓰세요.

① ~로, ~쪽으로    o t    __ __

② 시각; 시간    i e t m    __ __ __ __

③ 계절    e s a s n o    __ __ __ __ __ __

④ 의사    r c t d o o    __ __ __ __ __ __

⑤ ~할 수 있다    a n c    __ __ __

⑥ 기타    t g u a r i    __ __ __ __ __ __

C 그림에 알맞은 단어와 우리말 뜻을 찾아 줄을 이어 보세요.

1 • • season • • 물고기

2 • • fish • • 좋은, 잘된

3 • • good • • 시각; 시간

4 • • time • • 계절

D 우리말 뜻에 알맞은 단어를 〈보기〉에서 골라 문장을 완성하세요.

보기    sister        want        start        doctor

1 너는 **의사**에게 진료를 받아야 한다.
   You have to see a _____.

2 나는 새로운 컴퓨터를 **원한다.**
   I _____ a new computer.

3 우리 **언니**는 열다섯 살이다.
   My _____ is fifteen years old.

4 경주는 곧 **시작할** 것이다.
   The race will _____ soon.

# DAY 04

## job
[ʤɑb]

명사 1. 일, 직장  2. 맡은 일

**She got a new job in L.A.**
그녀는 로스앤젤레스에 새 **직장**을 구했다.

## tooth
[tu:θ]

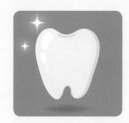

명사 (복수형 teeth) 이, 치아

**pull out a tooth**
이를 뽑다

## gift
[ɡift]

명사 1. 선물  유의어 present 선물  2. 재능

**a birthday gift**
생일 선물

## tall
[tɔːl]

형용사 1. 키가 큰, 높은  반의어 short 키가 작은
2. 키가 ~인

**Who is that tall man?**
저기 **키가 큰** 남자는 누구야?

## winter
[wíntər]

명사 겨울

**We go skiing in winter.**
우리는 **겨울**에 스키를 타러 간다.

## skirt
[skəːrt]

명사 치마

**She is wearing a black skirt.**
그녀는 검정 **치마**를 입고 있다.

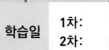

## many
[méni]

형용사 **많은, 여러** 반의어 few 거의 없는

There are **many** people in the library.
도서관에 **많은** 사람들이 있다.

## look
[luk]

동사 1. **보다, 바라보다** 2. **찾아보다**

**look** out the window
창밖을 보다

## play
[plei]

동사 1. **놀다** 2. **경기를 하다**

The boy is **playing** with his dog.
소년은 그의 강아지와 **놀고** 있다.

## on
[ən]

전치사 1. **~ 위에** 2. [날짜·시간] **~에**

Put the books **on** the table.
탁자 **위에** 책을 올려놓아라.

## mountain
[máuntən]

명사 **산**

the top of the **mountain**
**산** 꼭대기

## favorite
[féivərit]

형용사 **가장 좋아하는**

Green is my **favorite** color.
초록색은 내가 **가장 좋아하는** 색이다.

# DAILY TEST

**A** 들려주는 순서대로 일치하는 그림에 번호를 쓰고, 알맞은 단어와 이어 보세요. 🎧

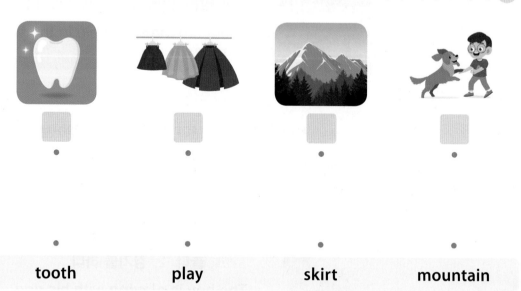

tooth     play     skirt     mountain

**B** 우리말 뜻에 알맞은 단어가 되도록 글자를 바르게 배열하여 쓰세요.

❶ 많은, 여러    n m a y     _ _ _ _

❷ 일, 직장    b o j     _ _ _

❸ 선물    f g i t     _ _ _ _

❹ 가장 좋아하는    v r f a o i t e     _ _ _ _ _ _ _

❺ 겨울    r i w n e t     _ _ _ _ _ _

❻ 놀다    p y a l     _ _ _ _

**C** 그림에 알맞은 단어를 쓰고 퍼즐에서 찾아 동그라미 하세요.

❶

❷

_____

_____

❸

❹

_____

_____

| w | o | t | m | b | a |
|---|---|---|---|---|---|
| i | z | s | a | t | h |
| g | c | a | j | l | v |
| i | l | o | o | k | l |
| f | u | t | b | a | s |
| t | e | v | h | i | n |

**D** 우리말 뜻에 알맞은 단어를 〈보기〉에서 골라 문장을 완성하세요.

| 보기 | tall | skirt | favorite | on |
|---|---|---|---|---|

❶ 초록색은 내가 **가장 좋아하는** 색이다.

Green is my _____ color.

❷ 그녀는 검정 **치마**를 입고 있다.

She is wearing a black _____.

❸ 저기 **키가 큰** 남자는 누구야?

Who is that _____ man?

❹ 탁자 **위에** 책을 올려놓아라.

Put the books _____ the table.

# REVIEW TEST

**A** 각 영어 단어의 우리말 뜻을 쓰세요.

| | | |
|---|---|---|
| ① in | _____ | |
| ③ want | _____ | |
| ⑤ on | _____ | |
| ⑦ good | _____ | |
| ⑨ sister | _____ | |
| ⑪ big | _____ | |
| ⑬ here | _____ | |
| ⑮ day | _____ | |

② like _____

④ tall _____

⑥ do _____

⑧ play _____

⑩ word _____

⑫ can _____

⑭ time _____

⑯ mountain _____

**B** 우리말 뜻에 맞는 영어 단어를 고르세요.

| | | | | |
|---|---|---|---|---|
| ① | 노래 | ① song | ② room | ③ guitar |
| ② | 물고기 | ① food | ② cat | ③ fish |
| ③ | 가지다 | ① go | ② have | ③ like |
| ④ | 음악 | ① word | ② time | ③ music |
| ⑤ | 학생 | ① student | ② sister | ③ friend |
| ⑥ | ~로, ~쪽으로 | ① in | ② on | ③ to |
| ⑦ | 거기에, 그곳으로 | ① here | ② tall | ③ there |
| ⑧ | 계절 | ① season | ② winter | ③ day |
| ⑨ | 수, 숫자 | ① skirt | ② number | ③ mountain |
| ⑩ | 보다, 바라보다 | ① play | ② start | ③ look |

**C** 우리말 뜻에 맞는 영어 단어를 쓰세요.

1 친구 _____
2 시계 _____
3 가다 _____
4 가장 좋아하는 _____
5 기타 _____
6 겨울 _____
7 음식 _____
8 많은, 여러 _____
9 모자 _____
10 이야기 _____
11 의사 _____
12 아침 식사 _____
13 고양이 _____
14 치마 _____
15 직업 _____
16 방 _____
17 이, 치아 _____
18 단어, 낱말 _____

**D** 주어진 단어와 <u>반대인</u> 뜻을 가진 단어를 〈보기〉에서 골라 쓰세요.

| 보기 | young | hard | bad |
|------|-------|------|-----|

1 good _____
2 old _____
3 soft _____

**E** 주어진 단어와 <u>비슷한</u> 뜻을 가진 단어를 〈보기〉에서 골라 쓰세요.

| 보기 | present | begin | glad |
|------|---------|-------|------|

1 happy _____
2 start _____
3 gift _____

## today
[tədéi]

부사 **오늘(은)**  명사 **오늘**

I have a piano lesson **today**.
나는 **오늘** 피아노 수업이 있다.

## give
[giv]

동사 **주다**

**give** him a gift
그에게 선물을 **주다**

## spoon
[spuːn]

명사 **숟가락, 스푼**

eat rice with a **spoon**
**숟가락**으로 밥을 먹다

## parent
[pέərənt]

명사 **(주로 복수형으로) 부모**

My **parents** always love me.
내 **부모님**은 언제나 나를 사랑하신다.

## long
[lɔːŋ]

형용사 **1. (길이·거리가) 긴  2. (시간이) 긴, 오랜**
반의어 short (길이·거리·시간이) 짧은

She has **long** hair.
그녀는 **긴** 머리를 가졌다.

## mouth
[mauθ]

명사 **입**

Please open your **mouth**.
**입**을 벌려주세요.

## dollar
[dálər]

명사 **달러 (미국의 화폐 단위)**

This hat is ten **dollars**.
이 모자는 10달러이다.

## elephant
[éləfənt]

명사 **코끼리**

**Elephants** have long noses.
코끼리는 긴 코를 가지고 있다.

## tree
[tri:]

명사 **나무**

plant an apple **tree**
사과 나무를 심다

## puzzle
[pʌzl]

명사 **퍼즐, 수수께끼**

They like to play with **puzzles**.
그들은 퍼즐을 가지고 노는 것을 좋아한다.

## very
[véri]

부사 **매우, 아주**

She studies **very** hard.
그녀는 매우 열심히 공부한다.

## say
[sei]

동사 **말하다, 이야기하다**

**Say** hello to him.
그에게 안녕이라고 말해줘.

# DAILY TEST

**A** 단어를 듣고, 빈칸에 들어갈 알맞은 글자를 쓰세요. 🎧

① 　　s __ o o __

② 　　t r __ __ __

③ 　　e l e __ __ __ a n t

④ 　　g i __ e

⑤ 　　__ u z z __ e

⑥ 　　m o u __ __ __

**B** 우리말 뜻에 알맞은 단어가 되도록 글자를 바르게 배열하여 쓰세요.

① 긴　　　　g l n o　　　　___ ___ ___ ___

② 말하다　　y s a　　　　___ ___ ___

③ 입　　　　m t u o h　　___ ___ ___ ___ ___

④ 부모　　　e p a t n r　___ ___ ___ ___ ___ ___

⑤ 매우, 아주　y v r e　　　___ ___ ___ ___

⑥ 달러　　　d o a l r l　___ ___ ___ ___ ___ ___

**C** 그림에 알맞은 단어와 우리말 뜻을 찾아 줄을 이어 보세요.

❶ •　　　• **today** •　　　• 말하다

❷ •　　　• **dollar** •　　　• 달러

❸ •　　　• **puzzle** •　　　• 오늘(은)

❹ •　　　• **say** •　　　• 퍼즐

**D** 우리말 뜻에 알맞은 단어를 〈보기〉에서 골라 문장을 완성하세요.

| 보기 | today | elephants | very | parents |

❶ 내 **부모님**은 언제나 나를 사랑하신다.

My _____ always love me.

❷ **코끼리**는 긴 코를 가지고 있다.

_____ have long noses.

❸ 그녀는 **매우** 열심히 공부한다.

She studies _____ hard.

❹ 나는 **오늘** 피아노 수업이 있다.

I have a piano lesson _____.

# DAY 06

## shirt
[ʃəːrt]

[명사] 셔츠

My dad is wearing a blue **shirt**.
우리 아빠는 파란색 셔츠를 입고 계신다.

## smart
[smɑːrt]

[형용사] **똑똑한, 영리한** [유의어] clever 영리한

She is a **smart** student.
그녀는 **똑똑한** 학생이다.

## lip
[lip]

[명사] **입술**

Don't bite your **lips**.
**입술**을 깨물지 말아라.

## famous
[féiməs]

[형용사] **유명한**

She is very **famous**.
그녀는 매우 **유명하다**.

## see
[siː]

[동사] 1. **보다** [유의어] look 보다, 바라보다
    2. **이해하다, 알다**

What can you **see** in the picture?
그림 안에 무엇이 **보이니**?

## picnic
[píknik]

[명사] **소풍, 피크닉**

go on a **picnic** to the park
공원으로 **소풍**을 가다

## help
[help]

동사 **돕다, 도와주다**　명사 **도움**
형용사 **helpful** 도움이 되는

**Can you help me?**
나를 **도와줄** 수 있니?

## carrot
[kǽrət]

명사 **당근**

**The rabbit likes carrots.**
토끼는 **당근**을 좋아한다.

## son
[sʌn]

명사 **아들**

**He has two sons.**
그는 **아들**이 둘 있다.
참고 **daughter** 딸

## near
[niər]

명사 **~ 가까이에, ~ 근처에**
부사 **[위치·시간] 가까이**　반의어 **far** 멀리

**The girl came near me.**
그 여자아이가 내 **가까이**에 왔다.

## towel
[táuəl]

명사 **수건, 타월**

**Dry your hands with a towel.**
**수건**으로 손을 닦아라.

## horse
[hɔːrs]

명사 **말**

**The horse is running.**
**말**이 달리고 있다.

# DAY 06 DAILY TEST

**A** 들려주는 순서대로 일치하는 그림에 번호를 쓰고, 알맞은 단어와 이어 보세요. 🎧

●      ●      ●      ●

●      ●      ●      ●

picnic    see    horse    shirt

**B** 우리말 뜻에 알맞은 단어가 되도록 글자를 바르게 배열하여 쓰세요.

① 유명한    m u f s a o   \_\_ \_\_ \_\_ \_\_ \_\_ \_\_

② 당근     o r c a t r   \_\_ \_\_ \_\_ \_\_ \_\_ \_\_

③ 똑똑한, 영리한  a m r t s   \_\_ \_\_ \_\_ \_\_ \_\_

④ 수건, 타월   o l w t e   \_\_ \_\_ \_\_ \_\_ \_\_

⑤ ~ 가까이에   n a r e    \_\_ \_\_ \_\_ \_\_

⑥ 돕다, 도와주다  h l p e    \_\_ \_\_ \_\_ \_\_

**C** 그림에 알맞은 단어를 쓰고 퍼즐에서 찾아 동그라미 하세요.

❶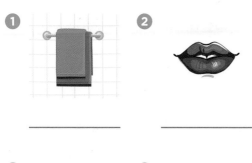
_____

❷
_____

❸
_____

❹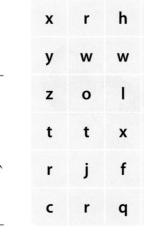
_____

| o | n | l | g | l | o | n |
|---|---|---|---|---|---|---|
| x | r | h | e | t | k | p |
| y | w | w | c | s | h | a |
| z | o | l | i | p | o | q |
| t | t | x | v | k | r | n |
| r | j | f | f | x | s | c |
| c | r | q | l | z | e | n |

**D** 우리말 뜻에 알맞은 단어를 〈보기〉에서 골라 문장을 완성하세요.

| 보기 | shirt | near | help | smart |
|---|---|---|---|---|

❶ 나를 **도와줄** 수 있니?
Can you _____ me?

❷ 그녀는 **똑똑한** 학생이다.
She is a _____ student.

❸ 그 여자아이가 내 **가까이에** 왔다.
The girl came _____ me.

❹ 우리 아빠는 파란색 **셔츠**를 입고 계신다.
My dad is wearing a blue _____.

# DAY 07

**toy**
[tɔi]

명사 **장난감**

This **toy** is made of wood.
이 **장난감**은 나무로 만들어졌다.

**will**
[wil]

동사 **~일 것이다, ~할 것이다**

She **will** come to my birthday party.
그녀는 내 생일파티에 올 **것이다**.

**bath**
[bæθ]

명사 **목욕**

have a **bath**
**목욕**을 하다
참고 **bathroom** 욕실, 화장실

**school**
[sku:l]

명사 **학교**

He goes to **school** by bus.
그는 버스를 타고 **학교**에 간다.

**every**
[évri]

형용사 1. **모든** 2. **매~, ~마다**

**Every** player is important to the team.
**모든** 선수는 팀에 중요하다.

**at**
[ət]

전치사 1. **[장소] ~에(서)** 2. **[시간] ~에**

stay **at** home
집**에** 머무르다

## uncle
[ʌ́ŋkl]

명사 **삼촌 (백부, 숙부, 이모부, 고모부)**

My **uncle** lives in Canada.
우리 **삼촌**은 캐나다에 사신다.
참고 aunt 이모, 고모, 숙모

## prince
[prins]

명사 **왕자**

The **prince** is dancing with Cinderella.
**왕자**가 신데렐라와 춤추고 있다.
참고 princess 공주

## diary
[dáiəri]

명사 **일기, 일기장**

write a **diary**
**일기**를 쓰다

## know
[nou]

동사 **알다, 알고 있다**

They **know** each other.
그들은 서로 **알고 있다**.

## cool
[ku:l]

형용사 **시원한, 서늘한** 반의어 warm 따뜻한

The wind is **cool** now.
바람이 이제 **시원하다**.

## movie
[múːvi]

명사 **영화**

Let's go to see a **movie**.
**영화** 보러 가자.

37

**A** 단어를 듣고, 빈칸에 들어갈 알맞은 글자를 쓰세요.

1.
   __ r i n __ e

2.
   e __ __ e r __

3.
   u __ c l __

4.
   t __ y

5.
   __ i a r __

6.
   m __ v i __

**B** 우리말 뜻에 알맞은 단어가 되도록 글자를 바르게 배열하여 쓰세요.

1. ~에(서), ~에    t a    ___ ___

2. 삼촌    n c l u e    ___ ___ ___ ___ ___

3. 목욕    h t b a    ___ ___ ___ ___

4. 알다, 알고 있다    w k o n    ___ ___ ___ ___

5. ~일 것이다    i l w l    ___ ___ ___ ___

6. 학교    o c s o h l    ___ ___ ___ ___ ___ ___

**C** 그림에 알맞은 단어와 우리말 뜻을 찾아 줄을 이어 보세요.

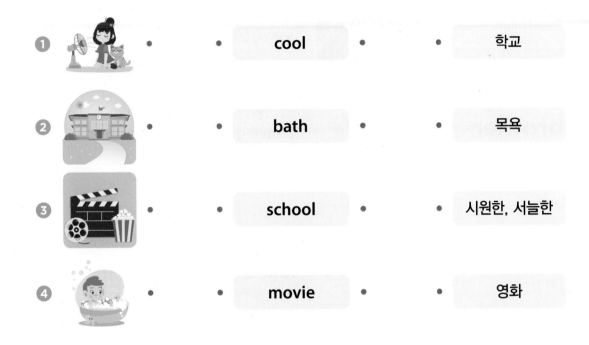

❶ · · cool · · 학교

❷ · · bath · · 목욕

❸ · · school · · 시원한, 서늘한

❹ · · movie · · 영화

**D** 우리말 뜻에 알맞은 단어를 〈보기〉에서 골라 문장을 완성하세요.

| 보기 | toy | every | will | know |
|---|---|---|---|---|

❶ 그들은 서로 **알고 있다**.

They _____ each other.

❷ 이 **장난감**은 나무로 만들어졌다.

This _____ is made of wood.

❸ 그녀는 내 생일파티에 올 **것이다**.

She _____ come to my birthday party.

❹ **모든** 선수는 팀에 중요하다.

_____ player is important to the team.

**road**
[roud]

명사 **길, 도로**  유의어 street 거리, 길

**drive on the road**
도로에서 운전하다

**brother**
[brʌ́ðər]

명사 **형, 오빠, 남동생**

I have one younger **brother**.
나에게는 **남동생**이 한 명 있다.
참고 sister 언니, 누나, 여동생

**ant**
[ænt]

명사 **개미**

**Ants** are very small insects.
개미는 매우 작은 곤충이다.

**spring**
[spriŋ]

명사 **봄**

Flowers bloom in **spring**.
봄에 꽃들이 핀다.

**shy**
[ʃai]

형용사 **수줍어하는, 부끄럼을 타는**

She is **shy** in front of people.
그녀는 사람들 앞에서 **수줍어한다**.

**jump**
[dʒʌmp]

동사 **뛰어오르다, 점프하다**  명사 **뜀질, 점프**

He **jumped** into the air.
그는 공중으로 뛰어올랐다.

## store
[stɔːr]

**명사** **가게, 상점** **유의어** shop 가게, 상점

a clothing **store**

옷 가게

## class
[klæs]

**명사** 1. **반, 학급** 2. **수업**

Sam is the tallest student in his **class.**

샘은 **반**에서 키가 가장 큰 학생이다.

## dream
[driːm]

**명사** 1. **(잘 때 꾸는) 꿈** 2. **(장래의) 꿈**

I had a good **dream** last night.

나는 어젯밤에 좋은 **꿈**을 꾸었다.

## rain
[rein]

**명사** **비** **동사** **비가 오다** **형용사** rainy 비가 오는

We have a lot of **rain** in summer.

여름에는 많은 **비**가 온다.

## fool
[fuːl]

**명사** **바보** **동사** **속이다** **형용사** foolish 어리석은

I feel like a **fool.**

내가 **바보**처럼 느껴진다.

## arrive
[əráiv]

**동사** **도착하다** **반의어** leave 떠나다

He will **arrive** in Seoul at 9:00 a.m.

그는 9시에 서울에 **도착할** 것이다.

A 들려주는 순서대로 일치하는 그림에 번호를 쓰고, 알맞은 단어와 이어 보세요.

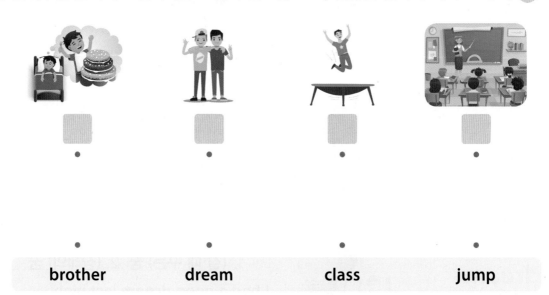

brother    dream    class    jump

B 우리말 뜻에 알맞은 단어가 되도록 글자를 바르게 배열하여 쓰세요.

1 개미        n t a        ___ ___ ___

2 비; 비가 오다    r n i a        ___ ___ ___ ___

3 봄        n g i s p r        ___ ___ ___ ___ ___ ___

4 바보; 속이다    l o f o        ___ ___ ___ ___

5 도착하다    e a v r i r        ___ ___ ___ ___ ___ ___

6 길, 도로    o d a r        ___ ___ ___ ___

C 그림에 알맞은 단어를 쓰고 퍼즐에서 찾아 동그라미 하세요.

❶

❷

❸

❹

| l | k | s | b | q | d |
|---|---|---|---|---|---|
| c | o | n | f | a | a |
| i | s | t | o | r | e |
| n | c | r | o | d | l |
| t | l | o | l | k | q |
| s | h | y | b | a | s |

D 우리말 뜻에 알맞은 단어를 〈보기〉에서 골라 문장을 완성하세요.

보기　　brother　　class　　rain　　spring

❶ 봄에 꽃들이 핀다.

　Flowers bloom in _____.

❷ 여름에는 많은 비가 온다.

　We have a lot of _____ in summer.

❸ 샘은 반에서 키가 가장 큰 학생이다.

　Sam is the tallest student in his _____.

❹ 나에게는 남동생이 한 명 있다.

　I have one younger _____.

# REVIEW TEST

**A** 각 영어 단어의 우리말 뜻을 쓰세요.

1 every _____     2 dream _____

3 toy _____     4 class _____

5 will _____     6 say _____

7 towel _____     8 rain _____

9 road _____     10 very _____

11 ant _____     12 jump _____

13 spoon _____     14 horse _____

15 know _____     16 at _____

**B** 우리말 뜻에 맞는 영어 단어를 고르세요.

| | | | | |
|---|---|---|---|---|
| 1 | 오늘(은) | ① very | ② today | ③ here |
| 2 | 왕자 | ① brother | ② doctor | ③ prince |
| 3 | 코끼리 | ① elephant | ② cat | ③ horse |
| 4 | 봄 | ① winter | ② spring | ③ season |
| 5 | 부모 | ① son | ② uncle | ③ parent |
| 6 | 일기, 일기장 | ① diary | ② movie | ③ puzzle |
| 7 | 유명한 | ① good | ② famous | ③ smart |
| 8 | 도착하다 | ① like | ② arrive | ③ start |
| 9 | 입 | ① mouth | ② song | ③ tooth |
| 10 | 수줍어하는 | ① tall | ② happy | ③ shy |

**C** 우리말 뜻에 맞는 영어 단어를 쓰세요.

| | | | |
|---|---|---|---|
| **1** 개미 | _____ | **2** 퍼즐, 수수께끼 | _____ |
| **3** 소풍, 피크닉 | _____ | **4** 당근 | _____ |
| **5** 아들 | _____ | **6** 나무 | _____ |
| **7** 학교 | _____ | **8** 돕다, 도와주다 | _____ |
| **9** 주다 | _____ | **10** 입술 | _____ |
| **11** 목욕 | _____ | **12** 셔츠 | _____ |
| **13** 달러 | _____ | **14** 바보; 속이다 | _____ |
| **15** 삼촌 | _____ | **16** 형, 오빠, 남동생 | _____ |
| **17** 영화 | _____ | **18** 똑똑한, 영리한 | _____ |

**D** 주어진 단어와 <u>반대인</u> 뜻을 가진 단어를 〈보기〉에서 골라 쓰세요.

| 보기 | warm | far | short |
|---|---|---|---|

**1** cool _____

**2** long _____

**3** near _____

**E** 주어진 단어와 <u>비슷한</u> 뜻을 가진 단어를 〈보기〉에서 골라 쓰세요.

| 보기 | look | shop | street |
|---|---|---|---|

**1** store _____

**2** see _____

**3** road _____

# DAY 09

## fox
[fɑːks]

[명사] **여우**

The **fox** has a long tail.
**여우**는 긴 꼬리를 가지고 있다.

## easy
[íːzi]

[형용사] **쉬운** [반의어] difficult 어려운, 힘든

This math problem is **easy**.
이 수학 문제는 **쉽다**.

## come
[kʌm]

[동사] **오다**

**come** into the classroom
교실에 들어**오다**

## sick
[sik]

[형용사] **아픈, 병든** [반의어] healthy 건강한

I'm **sick** with a cold.
나는 감기에 걸려서 **아프다**.

## candy
[kǽndi]

[명사] **사탕**

a sweet **candy**
달콤한 **사탕**

## band
[bænd]

[명사] 1. (악기를 연주하는) **밴드, 악단**
 2. **끈, 띠**

He plays guitar in a jazz **band**.
그는 재즈 **밴드**에서 기타를 연주한다.

## ago
[əɡóu]

부사 ~ 전에, 이전에

a long time **ago**
오래전에

## eat
[iːt]

동사 먹다

I like to **eat** Korean food.
나는 한국 음식을 **먹는** 걸 좋아한다.

## news
[njuːz]

명사 1. 소식  2. (신문·방송 등의) 뉴스

I have good **news**!
좋은 소식이 있어!

## doll
[dɑːl]

명사 인형

The girl is holding her **doll**.
여자아이가 **인형**을 들고 있다.

## finger
[fíŋɡər]

명사 손가락

He put a ring on her **finger**.
그가 그녀의 **손가락**에 반지를 끼워 주었다.
참고 toe 발가락

## noon
[nuːn]

명사 낮 12시, 한낮

The bakery opens at **noon**.
그 빵집은 **낮 12시**에 연다.
참고 afternoon 오후

47

**A** 단어를 듣고, 빈칸에 들어갈 알맞은 글자를 쓰세요.

①
do __ l

②
ba __ d

③
__ in __ er

④
fo __

⑤
can __ y

⑥
eas __

**B** 우리말 뜻에 알맞은 단어가 되도록 글자를 바르게 배열하여 쓰세요.

① 아픈, 병든    s k c i    ___ ___ ___ ___

② ~ 전에, 이전에    g o a    ___ ___ ___

③ 오다    m c e o    ___ ___ ___ ___

④ 먹다    t a e    ___ ___ ___

⑤ 소식; 뉴스    s e n w    ___ ___ ___ ___

⑥ 손가락    i f g r e n    ___ ___ ___ ___ ___ ___

**C** 그림에 알맞은 단어와 우리말 뜻을 찾아 줄을 이어 보세요.

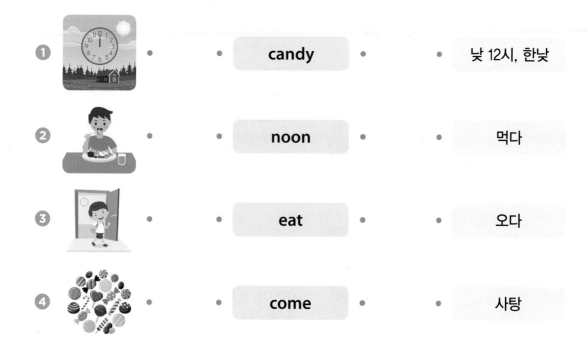

① •          • candy •          • 낮 12시, 한낮

② •          • noon •          • 먹다

③ •          • eat •          • 오다

④ •          • come •          • 사탕

**D** 우리말 뜻에 알맞은 단어를 〈보기〉에서 골라 문장을 완성하세요.

| 보기 | fox | doll | noon | sick |
|------|-----|------|------|------|

① 나는 감기에 걸려서 **아프다**.

I'm _____ with a cold.

② **여우**는 긴 꼬리를 가지고 있다.

The _____ has a long tail.

③ 그 빵집은 **낮 12시**에 연다.

The bakery opens at _____.

④ 여자아이가 **인형**을 들고 있다.

The girl is holding her _____.

## hair
[hɛər]

명사 **머리(카락), 털**

She is brushing her **hair**.
그녀는 **머리**를 빗고 있다.

## feel
[fiːl]

동사 **느끼다, ~한 기분이 들다**
명사 feeling 느낌, 감정

How do you **feel** today?
오늘은 어떤 **기분이 들어**?

## holiday
[hálədèi]

명사 1. **휴가** 유의어 vacation 방학, 휴가
2. **휴일, 공휴일**

go on a **holiday**
**휴가**를 가다

## zebra
[zíːbrə]

명사 **얼룩말**

**Zebras** have stripes on their bodies.
**얼룩말**은 몸에 줄무늬가 있다.

## well
[wel]

부사 **잘, 훌륭하게** 형용사 **건강한**

Michael swims **well**.
마이클은 수영을 **잘**한다.

## aunt
[ænt]

명사 **이모, 고모, 숙모**

**Aunt** Susan is younger than my mom.
수잔 **고모**는 우리 엄마보다 어리다.
참고 uncle 삼촌

## pack
[pæk]

동사 1. (짐을) 싸다  2. 포장하다

**pack** a bag
가방을 싸다

## from
[frəm]

전치사 1. [장소] ~에서(부터)
2. [시각] ~부터

This train goes **from** London to Paris.
이 기차는 런던**에서** 파리로 간다.

## short
[ʃɔːrt]

형용사 1. (길이·거리·시간이) 짧은
2. 키가 작은  반의어 tall 키가 큰

This skirt is too **short**.
이 치마는 너무 **짧다**.

## angry
[æŋgri]

형용사 화난, 성난  명사 anger 화, 분노

My brother makes me **angry**.
내 남동생은 나를 화나게 한다.

## dinner
[dínər]

명사 저녁 식사

My family always has **dinner** together.
우리 가족은 언제나 같이 **저녁 식사**를 한다.
참고 breakfast 아침 식사  lunch 점심 식사

## knife
[naif]

명사 칼, 나이프

cut cheese with a **knife**
치즈를 칼로 자르다

# DAILY TEST

**A** 들려주는 순서대로 일치하는 그림에 번호를 쓰고, 알맞은 단어와 이어 보세요. 🎧

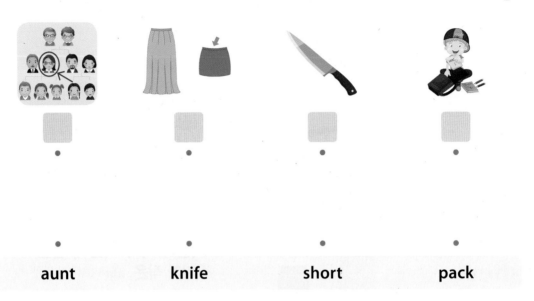

aunt          knife          short          pack

**B** 우리말 뜻에 알맞은 단어가 되도록 글자를 바르게 배열하여 쓰세요.

① 잘, 훌륭하게    e l w l    _____ _____ _____ _____

② 화난, 성난    g a r n y    _____ _____ _____ _____ _____

③ 저녁 식사    i e n n d r    _____ _____ _____ _____ _____ _____

④ 느끼다    f e l e    _____ _____ _____ _____

⑤ ~에서(부터)    o f r m    _____ _____ _____ _____

⑥ 휴가; 휴일    i h y o d l a    _____ _____ _____ _____ _____ _____ _____

**C** 그림에 알맞은 단어를 쓰고 퍼즐에서 찾아 동그라미 하세요.

| k | a | f | f | r | m |
|---|---|---|---|---|---|
| f | b | n | i | g | d |
| e | k | a | g | o | f |
| e | h | z | p | r | r |
| l | l | a | w | f | y |
| y | z | e | b | r | a |

❶ _____  ❷ _____

❸ _____  ❹ _____

**D** 우리말 뜻에 알맞은 단어를 〈보기〉에서 골라 문장을 완성하세요.

보기  short   well   from   dinner

❶ 이 치마는 너무 **짧다**.
This skirt is too _____.

❷ 마이클은 수영을 **잘**한다.
Michael swims _____.

❸ 우리 가족은 언제나 같이 **저녁 식사**를 한다.
My family always has _____ together.

❹ 이 기차는 런던**에서** 파리로 간다.
This train goes _____ London to Paris.

## buy
[bai]

동사 **사다, 구입하다** 반의어 sell 팔다; 팔리다

I have to **buy** some food for dinner.
나는 저녁으로 먹을 음식을 **사야** 한다.

## park
[pɑːrk]

명사 **공원** 동사 **주차하다**

I jog in the **park** every morning.
나는 매일 아침 **공원**에서 조깅한다.

## desk
[desk]

명사 **책상**

The **desk** is very clean.
**책상**은 매우 깨끗하다.

## stone
[stoun]

명사 **돌** 유의어 rock 암석, 바위

throw a **stone**
돌을 던지다

## yellow
[jélou]

형용사 **노란, 노란색의** 명사 **노란색**

That **yellow** hat is mine.
저 **노란** 모자는 내 것이다.

## child
[tʃaild]

명사 (복수형 children) **아이, 어린이**
유의어 kid 아이, 어린이

The **child** is five years old.
그 **아이**는 다섯 살이다.

## note
[nout]

명사 1. 메모  2. (복수형으로) 필기, 노트

I will leave a **note** for Jiho.
내가 지호에게 **메모**를 남길게.

## find
[faind]

동사 **찾다, 발견하다**  반의어 lose 잃어버리다

I can't **find** my socks.
내 양말을 **찾을** 수가 없어.

## birthday
[bə́:rθdèi]

명사 **생일**

have a **birthday** party
**생일**파티를 하다

## quiet
[kwáiət]

형용사 **조용한**  반의어 noisy 시끄러운

The library is a **quiet** place.
도서관은 **조용한** 장소이다.

## market
[má:rkit]

명사 **시장**

They sell fresh fruit at the **market**.
**시장**에서 신선한 과일을 판다.

## tomorrow
[təmɔ́:rou]

부사 **내일(에)**  명사 **내일**

See you **tomorrow**.
내일 봐.
참고 yesterday 어제(는); 어제

55

**A** 단어를 듣고, 빈칸에 들어갈 알맞은 글자를 쓰세요. 🎧

①  y__llo__

②  __ind

③  bi__th__ay

④  bu__

⑤  __ote

⑥  p___k

**B** 우리말 뜻에 알맞은 단어가 되도록 글자를 바르게 배열하여 쓰세요.

① 아이, 어린이    h i d l c    __ __ __ __ __

② 조용한    u q t e i    __ __ __ __ __

③ 공원; 주차하다    k r a p    __ __ __ __

④ 책상    s e k d    __ __ __ __

⑤ 돌    e o t s n    __ __ __ __ __

⑥ 시장    t r k m a e    __ __ __ __ __ __

**C** 그림에 알맞은 단어와 우리말 뜻을 찾아 줄을 이어 보세요.

1. child • 아이, 어린이

2. tomorrow • 돌

3. yellow • 내일(에)

4. stone • 노란, 노란색의

**D** 우리말 뜻에 알맞은 단어를 〈보기〉에서 골라 문장을 완성하세요.

보기    desk          buy          market          quiet

1. 도서관은 **조용한** 장소이다.
   The library is a _____ place.

2. **시장**에서 신선한 과일을 판다.
   They sell fresh fruit at the _____.

3. **책상**은 매우 깨끗하다.
   The _____ is very clean.

4. 나는 저녁으로 먹을 음식을 **사야** 한다.
   I have to _____ some food for dinner.

57

# DAY 12

## bread
[bred]

명사 빵

a piece of **bread**
빵 한 조각

## meet
[miːt]

동사 만나다

Let's **meet** at the bus stop.
버스 정류장에서 **만나자**.

## violin
[vàiəlín]

명사 바이올린

A **violin** has four strings.
**바이올린**은 줄이 네 개다.

## house
[haus]

명사 집, 주택

We will move into a new **house**.
우리는 새 **집**으로 이사할 것이다.
참고 home 집, 가정

## sad
[sæd]

형용사 슬픈  유의어 unhappy 불행한, 슬픈

I'm **sad** to say goodbye.
나는 작별 인사를 해야 해서 **슬프다**.

## ball
[bɔːl]

명사 공

Pass me the **ball**.
공을 나한테 패스해 줘.

**slow**
[slou]

형용사 **느린**　반의어 fast 빠른

A turtle is **slow**.
거북이는 느리다.

---

**answer**
[ǽnsər]

동사 **대답하다**　명사 **대답, 답**

**answer** a question
질문에 대답하다

---

**honey**
[hʌ́ni]

명사 **꿀, 벌꿀**

Bees make sweet **honey**.
벌은 달콤한 **꿀**을 만든다.

---

**lunch**
[lʌntʃ]

명사 **점심 식사**

I had a sandwich for **lunch**.
나는 **점심**으로 샌드위치를 먹었다.

---

**umbrella**
[ʌmbrélə]

명사 **우산**

open an **umbrella**
우산을 펴다

---

**mother**
[mʌ́ðər]

명사 **어머니**

She is a **mother** of two children.
그녀는 두 아이의 **어머니**이다.
참고 father 아버지

59

**A** 들려주는 순서대로 일치하는 그림에 번호를 쓰고, 알맞은 단어와 이어 보세요.

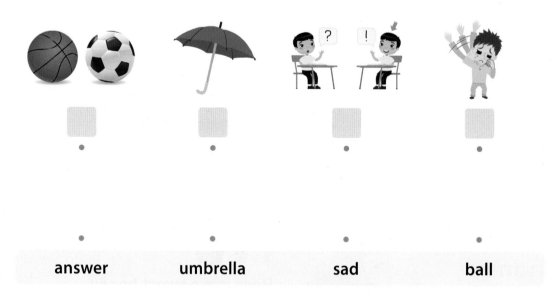

answer          umbrella          sad          ball

**B** 우리말 뜻에 알맞은 단어가 되도록 글자를 바르게 배열하여 쓰세요.

1 느린          o s l w          ___ ___ ___ ___

2 빵          r d b e a          ___ ___ ___ ___ ___

3 집, 주택          e h o s u          ___ ___ ___ ___ ___

4 점심 식사          l h u n c          ___ ___ ___ ___ ___

5 꿀, 벌꿀          e h o n y          ___ ___ ___ ___ ___

6 바이올린          o v l i n i          ___ ___ ___ ___ ___ ___

**C** 그림에 알맞은 단어를 쓰고 퍼즐에서 찾아 동그라미 하세요.

①

② 

_____

_____

③

④ 

_____

_____

| m | k | s | b | q | s |
|---|---|---|---|---|---|
| e | o | c | o | p | e |
| e | s | t | o | r | z |
| t | c | a | h | d | l |
| h | o | u | s | e | r |
| s | l | o | w | a | r |

**D** 우리말 뜻에 알맞은 단어를 〈보기〉에서 골라 문장을 완성하세요.

| 보기 | mother | lunch | violin | honey |

① 벌은 달콤한 **꿀**을 만든다.

Bees make sweet _____.

② 나는 **점심**으로 샌드위치를 먹었다.

I had a sandwich for _____.

③ 그녀는 두 아이의 **어머니**이다.

She is a _____ of two children.

④ **바이올린**은 줄이 네 개다.

A _____ has four strings.

# REVIEW TEST

**A** 각 영어 단어의 우리말 뜻을 쓰세요.

| | | | | |
|---|---|---|---|---|
| ① lunch | _____ | ② child | _____ |
| ③ knife | _____ | ④ well | _____ |
| ⑤ angry | _____ | ⑥ short | _____ |
| ⑦ feel | _____ | ⑧ sick | _____ |
| ⑨ house | _____ | ⑩ note | _____ |
| ⑪ band | _____ | ⑫ tomorrow | _____ |
| ⑬ ago | _____ | ⑭ yellow | _____ |
| ⑮ quiet | _____ | ⑯ aunt | _____ |

**B** 우리말 뜻에 맞는 영어 단어를 고르세요.

| | | | | |
|---|---|---|---|---|
| ① | 찾다, 발견하다 | ① give | ② find | ③ help |
| ② | 낮 12시, 한낮 | ① winter | ② spring | ③ noon |
| ③ | ～에서(부터) | ① from | ② at | ③ on |
| ④ | 머리(카락), 털 | ① tooth | ② lip | ③ hair |
| ⑤ | 여우 | ① elephant | ② fox | ③ horse |
| ⑥ | 공 | ① toy | ② doll | ③ ball |
| ⑦ | 대답하다 | ① answer | ② start | ③ look |
| ⑧ | 휴가; 휴일 | ① day | ② holiday | ③ birthday |
| ⑨ | 만나다 | ① pack | ② want | ③ meet |
| ⑩ | 소식; 뉴스 | ① note | ② movie | ③ news |

62

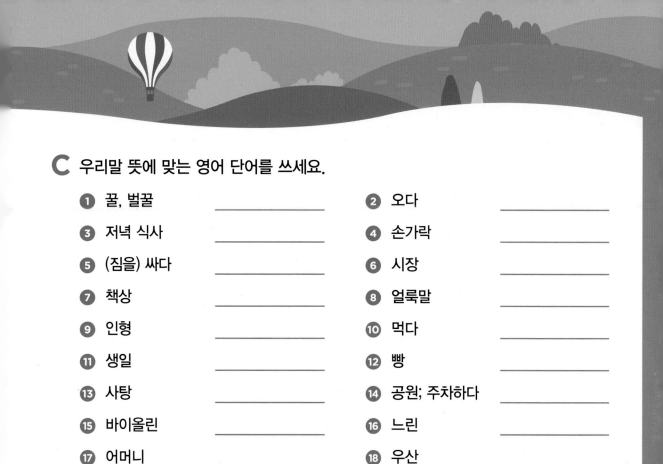

**C** 우리말 뜻에 맞는 영어 단어를 쓰세요.

1. 꿀, 벌꿀 _____
2. 오다 _____
3. 저녁 식사 _____
4. 손가락 _____
5. (짐을) 싸다 _____
6. 시장 _____
7. 책상 _____
8. 얼룩말 _____
9. 인형 _____
10. 먹다 _____
11. 생일 _____
12. 빵 _____
13. 사탕 _____
14. 공원; 주차하다 _____
15. 바이올린 _____
16. 느린 _____
17. 어머니 _____
18. 우산 _____

**D** 주어진 단어와 <u>반대인</u> 뜻을 가진 단어를 〈보기〉에서 골라 쓰세요.

| 보기 | sell | noisy | difficult |
|------|------|-------|-----------|

1. quiet _____
2. buy _____
3. easy _____

**E** 주어진 단어와 <u>비슷한</u> 뜻을 가진 단어를 〈보기〉에서 골라 쓰세요.

| 보기 | kid | unhappy | rock |
|------|-----|---------|------|

1. stone _____
2. child _____
3. sad _____

## make
[meik]

동사 **만들다**

I will **make** a cake.
나는 케이크를 만들 것이다.

## small
[smɔːl]

형용사 1. **(크기가) 작은** 반의어 big 큰
2. **(양이) 적은**

A **small** mouse lives in the hole.
구멍 안에 **작은** 쥐가 산다.

## question
[kwéstʃən]

명사 1. **질문** 2. **문제**

I want to ask you a **question**.
너에게 **질문**을 하나 하고 싶어.

## stop
[stɑp]

동사 **멈추다** 명사 **멈춤, 중지**

**Stop** the car.
차를 멈추세요.

## dirty
[dɜ́ːrti]

형용사 **더러운, 지저분한** 반의어 clean 깨끗한

My clothes are **dirty**.
내 옷은 더럽다.

## dog
[dɔːg]

명사 **개**

The **dog** is barking loudly.
**개**가 크게 짖고 있다.
참고 puppy 강아지

## check
[tʃek]

[동사] **확인하다, 점검하다** [명사] **확인, 점검**

**Check** your email now.
지금 이메일을 **확인해** 봐.

## bank
[bæŋk]

[명사] **은행**

save money in a **bank**
**은행**에 돈을 저축하다

## for
[fər]

[전치사] 1. [대상] **~을 위한** 2. [시간] **~ 동안**

This is a gift **for** you.
이건 너를 **위한** 선물이야.

## fruit
[fruːt]

[명사] **과일, 열매**

We ate fresh **fruit** after lunch.
우리는 점심 식사 후에 신선한 **과일**을 먹었다.

## exercise
[éksərsàiz]

[동사] **운동하다** [명사] **운동, 연습, 훈련**

I **exercise** in the gym every day.
나는 매일 체육관에서 **운동한다**.

## bed
[bed]

[명사] **침대**

sleep in the **bed**
**침대**에서 잠을 자다

65

**A** 단어를 듣고, 빈칸에 들어갈 알맞은 글자를 쓰세요. 🎧

①  d i r __ y

②  s m a __ l

③  f r __ i t

④  b e __

⑤  e __ e r __ i s e

⑥  d __ g

**B** 우리말 뜻에 알맞은 단어가 되도록 글자를 바르게 배열하여 쓰세요.

① 만들다     k a e m      __ __ __ __

② 멈추다     t s p o      __ __ __ __

③ 운동하다     e r i s e x c e      __ __ __ __ __ __ __ __

④ 은행     a b n k      __ __ __ __

⑤ ~을 위한     o f r      __ __ __

⑥ 확인하다     k c c h e      __ __ __ __ __

**C** 그림에 알맞은 단어와 우리말 뜻을 찾아 줄을 이어 보세요.

❶    question    더러운

❷    dirty    만들다

❸    make    멈추다

❹    stop    질문; 문제

**D** 우리말 뜻에 알맞은 단어를 〈보기〉에서 골라 문장을 완성하세요.

| 보기 | for | question | small | check |
|---|---|---|---|---|

❶ 이건 너를 **위한** 선물이야.

This is a gift _____ you.

❷ 너에게 **질문**을 하나 하고 싶어.

I want to ask you a _____.

❸ 지금 이메일을 **확인해** 봐.

_____ your email now.

❹ 구멍 안에 **작은** 쥐가 산다.

A _____ mouse lives in the hole.

67

## leg
[leg]

명사 **다리**

He broke his right **leg.**
그는 오른쪽 **다리**가 부러졌다.
참고 arm 팔

## dance
[dæns]

동사 **춤을 추다** 명사 **춤**

**dance** to the music
음악에 맞춰 **춤을 추다**

## pass
[pæs]

동사 1. **지나가다, 통과하다**
2. **합격하다** 반의어 fail (시험에) 떨어지다

I **pass** a park on the way home.
나는 집에 가는 길에 공원을 **지나간다.**

## chair
[tʃɛər]

명사 **의자**

She pulled her **chair** to the table.
그녀는 탁자 쪽으로 **의자**를 당겼다.

## magic
[mǽdʒik]

명사 **마법, 마술** 형용사 magical 마법의

I don't believe in **magic.**
난 **마법**을 믿지 않는다.

## restaurant
[réstərənt]

명사 **식당, 레스토랑**

We had lunch at an Italian **restaurant.**
우리는 이탈리안 **레스토랑**에서 점심을 먹었다.

## tiger
[táigər]

명사 **호랑이**

**Tigers** belong to the cat family.
호랑이는 고양잇과에 속한다.

## husband
[hʌ́zbənd]

명사 **남편**

Her **husband** works in an office.
그녀의 **남편**은 회사에 근무한다.
참고 wife 아내, 부인

## pencil
[pénsəl]

명사 **연필**

write with a **pencil**
연필로 쓰다

## fast
[fæst]

형용사 **빠른** 유의어 quick 빠른
부사 **빨리, 빠르게** 반의어 slowly 느리게

He is a **fast** runner.
그는 **빠른** 달리기 선수이다.

## river
[rívər]

명사 **강**

The **river** runs into the sea.
강은 바다로 흐른다.

## salad
[sǽləd]

명사 **샐러드**

I try to eat **salad** often for my health.
나는 건강을 위해 **샐러드**를 자주 먹으려고 노력한다.

# DAILY TEST

**A** 들려주는 순서대로 일치하는 그림에 번호를 쓰고, 알맞은 단어와 이어 보세요. 🎧

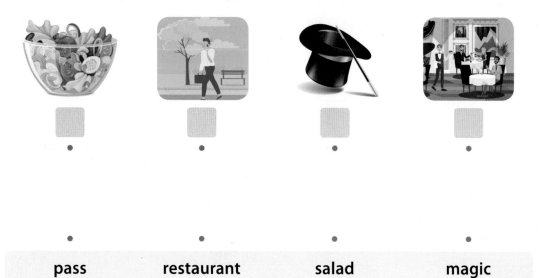

pass     restaurant     salad     magic

**B** 우리말 뜻에 알맞은 단어가 되도록 글자를 바르게 배열하여 쓰세요.

① 의자     h a i r c     ＿ ＿ ＿ ＿ ＿

② 빠른     a f s t     ＿ ＿ ＿ ＿

③ 춤을 추다     n c a e d     ＿ ＿ ＿ ＿ ＿

④ 호랑이     t g i r e     ＿ ＿ ＿ ＿ ＿

⑤ 강     v r e i r     ＿ ＿ ＿ ＿ ＿

⑥ 남편     n a d s b h u     ＿ ＿ ＿ ＿ ＿ ＿ ＿

**C** 그림에 알맞은 단어를 쓰고 퍼즐에서 찾아 동그라미 하세요.

❶ _____

❷  _____

❸  _____

❹  _____

| p | b | s | g | v | d |
|---|---|---|---|---|---|
| e | z | e | k | s | a |
| n | l | f | w | o | n |
| c | h | a | i | r | c |
| i | r | e | e | g | e |
| l | f | t | h | l | o |

**D** 우리말 뜻에 알맞은 단어를 〈보기〉에서 골라 문장을 완성하세요.

| 보기 | restaurant | husband | salad | fast |
|---|---|---|---|---|

❶ 그는 **빠른** 달리기 선수이다.

He is a _____ runner.

❷ 우리는 이탈리안 **레스토랑**에서 점심을 먹었다.

We had lunch at an Italian _____.

❸ 그녀의 **남편**은 회사에 근무한다.

Her _____ works in an office.

❹ 나는 건강을 위해 **샐러드**를 자주 먹으려고 노력한다.

I try to eat _____ often for my health.

# DAY 15

**name**
[neim]

명사 **이름, 명칭**

What is your **name**?
**이름**이 뭐예요?

**sale**
[seil]

명사 1. **판매** 2. **할인 판매, 세일**

That car is for **sale**.
저 자동차는 **판매** 중이다.

**get**
[get]

동사 1. **받다** 2. **얻다** 3. **사다** 4. **가져오다**

**get** the first prize in a contest
대회에서 1등상을 **받다**

**clean**
[kli:n]

형용사 **깨끗한** 동사 **닦다, 청소하다**

The mirror is **clean** now.
거울은 이제 **깨끗하다**.

**high**
[hai]

형용사 **높은** 유의어 tall 높은, 키가 큰
부사 **높이, 높게** 반의어 low 낮게

a **high** building
**높은** 건물

**voice**
[vɔis]

명사 **목소리, 음성**

She speaks in a loud **voice**.
그녀는 큰 **목소리**로 말한다.

72

## father
[fáːðər]

[명사] **아버지**

You look just like your **father**.
너는 너의 **아버지**를 꼭 닮았다.

## read
[riːd]

[동사] **읽다**　[명사] reader 독자

She likes to **read** books about animals.
그녀는 동물에 관한 책을 **읽는** 것을 좋아한다.

## eraser
[iréisər]

[명사] **지우개**

Can I borrow your **eraser**?
**지우개** 좀 빌릴 수 있을까?

## angel
[éindʒəl]

[명사] **천사**

I saw an **angel** in my dream.
나는 꿈에서 **천사**를 보았다.

## usually
[júːʒuəli]

[부사] **보통, 대개**

I **usually** go to sleep at 11:00 p.m.
나는 **보통** 밤 11시에 잔다.

## classroom
[klǽsrùːm]

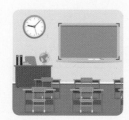

[명사] **교실**

Don't run in the **classroom**.
교실에서 뛰지 마라.

**A** 단어를 듣고, 빈칸에 들어갈 알맞은 글자를 쓰세요.

1.  hi __ h

2.  __ n __ el

3.   c __ ea __

4.  __ ead

5.  __ o __ ce

6.  sa __ e

**B** 우리말 뜻에 알맞은 단어가 되도록 글자를 바르게 배열하여 쓰세요.

1. 이름, 명칭　　m a n e　　___ ___ ___ ___

2. 받다; 얻다　　t g e　　___ ___ ___

3. 천사　　l a g n e　　___ ___ ___ ___ ___

4. 깨끗한　　e n c a l　　___ ___ ___ ___ ___

5. 지우개　　e e s r a r　　___ ___ ___ ___ ___ ___

6. 보통, 대개　　u s l y u a l　　___ ___ ___ ___ ___ ___ ___

**C** 그림에 알맞은 단어와 우리말 뜻을 찾아 줄을 이어 보세요.

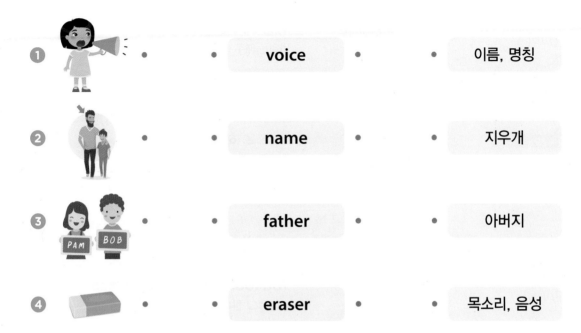

**① ·** · voice · · 이름, 명칭

**② ·** · name · · 지우개

**③ ·** · father · · 아버지

**④ ·** · eraser · · 목소리, 음성

**D** 우리말 뜻에 알맞은 단어를 〈보기〉에서 골라 문장을 완성하세요.

보기   father     usually     read     classroom

① 너는 너의 **아버지**를 꼭 닮았다.
**You look just like your _____.**

② **교실**에서 뛰지 마라.
**Don't run in the _____.**

③ 나는 **보통** 밤 11시에 잔다.
**I _____ go to sleep at 11:00 p.m.**

④ 그녀는 동물에 관한 책을 **읽는** 것을 좋아한다.
**She likes to _____ books about animals.**

**rock**

[rak]

명사 **암석, 바위**  유의어 stone 돌

The **rock** is very hard.

**바위**는 매우 단단하다.

---

**bad**

[bæd]

형용사 1. **나쁜, 안 좋은**  반의어 good 좋은, 잘된
2. **해로운**

The weather is **bad** today.

오늘은 날씨가 **안 좋다**.

---

**dress**

[dres]

명사 1. **원피스, 드레스**  2. **옷**

You look nice in that **dress**.

당신은 그 **원피스**가 잘 어울려요.

---

**work**

[wəːrk]

동사 **일하다, 작업하다**  명사 **일, 작업**

She **works** at a bank.

그녀는 은행에서 **일한다**.

---

**blue**

[bluː]

형용사 **파란, 푸른**  명사 **파란색**

The cat has **blue** eyes.

그 고양이는 **파란** 눈을 가지고 있다.

---

**with**

[wið]

전치사 1. **～와 함께**  2. **～로, ～을 이용하여**

He lives **with** his parents.

그는 부모님**과 함께** 산다.

## hour
[áuər]

명사 1. 1시간  2. (특정 활동을 하는) 시간

There are 24 **hours** in a day.
하루는 24시간이다.
참고 minute 분  second 초

## cloud
[klaud]

명사 **구름**  형용사 cloudy 흐린, 구름이 낀

**clouds** in the sky
하늘의 **구름들**

## flag
[flæg]

명사 **깃발**

The man is holding a **flag**.
남자가 **깃발**을 들고 있다.

## cheap
[tʃiːp]

형용사 **(값이) 싼**  반의어 expensive 비싼

These shoes are really **cheap**.
이 신발들은 정말 **싸다**.

## learn
[ləːrn]

동사 1. **배우다**  2. **알게 되다**

**learn** how to swim
수영하는 법을 **배우다**

## already
[ɔːlrédi]

부사 **이미, 벌써**

It is **already** dark outside.
밖이 **벌써** 어둡다.

77

# DAY 16 DAILY TEST

**A** 들려주는 순서대로 일치하는 그림에 번호를 쓰고, 알맞은 단어와 이어 보세요. 🎧

flag      cheap      bad      cloud

**B** 우리말 뜻에 알맞은 단어가 되도록 글자를 바르게 배열하여 쓰세요.

① 파란, 푸른      u l b e      ___ ___ ___ ___

② 이미, 벌써      r l e d y a a      ___ ___ ___ ___ ___ ___ ___

③ 원피스, 드레스      s e r d s      ___ ___ ___ ___ ___

④ ~와 함께      t h i w      ___ ___ ___ ___

⑤ 배우다      e l r a n      ___ ___ ___ ___ ___

⑥ 구름      c d u l o      ___ ___ ___ ___ ___

78

**C** 그림에 알맞은 단어를 쓰고 퍼즐에서 찾아 동그라미 하세요.

❶

❷

_____

_____

❸

❹

_____

_____

| a | k | s | w | q | s | k |
|---|---|---|---|---|---|---|
| e | g | c | d | o | v | z |
| f | e | j | r | c | r | w |
| h | k | a | e | w | l | k |
| o | s | o | s | a | q | u |
| u | n | o | s | t | z | p |
| r | o | c | k | n | m | y |

**D** 우리말 뜻에 알맞은 단어를 〈보기〉에서 골라 문장을 완성하세요.

| 보기 | bad | with | hours | cheap |
|---|---|---|---|---|

❶ 그는 부모님**과 함께** 산다.

He lives _____ his parents.

❷ 이 신발들은 정말 **싸다**.

These shoes are really _____.

❸ 오늘은 날씨가 **안 좋다**.

The weather is _____ today.

❹ 하루는 24**시간**이다.

There are 24 _____ in a day.

# REVIEW TEST

**A** 각 영어 단어의 우리말 뜻을 쓰세요.

1. check _____
2. pencil _____
3. with _____
4. work _____
5. tiger _____
6. exercise _____
7. river _____
8. get _____
9. dirty _____
10. angel _____
11. stop _____
12. leg _____
13. blue _____
14. read _____
15. bad _____
16. name _____

**B** 우리말 뜻에 맞는 영어 단어를 고르세요.

1. 지우개    ① eraser    ② pencil    ③ diary
2. 과일, 열매    ① salad    ② bread    ③ fruit
3. 깃발    ① umbrella    ② flag    ③ knife
4. 만들다    ① look    ② make    ③ play
5. 의자    ① desk    ② doll    ③ chair
6. 깨끗한    ① cool    ② soft    ③ clean
7. 은행    ① bank    ② park    ③ market
8. 남편    ① parent    ② husband    ③ son
9. 침대    ① bed    ② house    ③ room
10. 보통, 대개    ① already    ② ago    ③ usually

**C** 우리말 뜻에 맞는 영어 단어를 쓰세요.

1. 지나가다, 통과하다 ＿＿＿＿＿＿＿
2. 판매; 할인 판매 ＿＿＿＿＿＿＿
3. 구름 ＿＿＿＿＿＿＿
4. 1시간, 시간 ＿＿＿＿＿＿＿
5. 마법, 마술 ＿＿＿＿＿＿＿
6. 샐러드 ＿＿＿＿＿＿＿
7. 개 ＿＿＿＿＿＿＿
8. 아버지 ＿＿＿＿＿＿＿
9. 목소리, 음성 ＿＿＿＿＿＿＿
10. 춤을 추다; 춤 ＿＿＿＿＿＿＿
11. ~을 위한 ＿＿＿＿＿＿＿
12. 원피스, 드레스 ＿＿＿＿＿＿＿
13. 질문; 문제 ＿＿＿＿＿＿＿
14. 교실 ＿＿＿＿＿＿＿
15. 식당, 레스토랑 ＿＿＿＿＿＿＿
16. 호랑이 ＿＿＿＿＿＿＿
17. 이미, 벌써 ＿＿＿＿＿＿＿
18. 배우다; 알게 되다 ＿＿＿＿＿＿＿

**D** 주어진 단어와 <u>반대인</u> 뜻을 가진 단어를 〈보기〉에서 골라 쓰세요.

| 보기 | clean | big | expensive |
|---|---|---|---|

1. dirty ＿＿＿＿＿＿＿
2. cheap ＿＿＿＿＿＿＿
3. small ＿＿＿＿＿＿＿

**E** 주어진 단어와 <u>비슷한</u> 뜻을 가진 단어를 〈보기〉에서 골라 쓰세요.

| 보기 | tall | quick | stone |
|---|---|---|---|

1. rock ＿＿＿＿＿＿＿
2. high ＿＿＿＿＿＿＿
3. fast ＿＿＿＿＿＿＿

# DAY 17

### sun
[sʌn]

명사 **해, 태양**  형용사 sunny 화창한

The **sun** is shining in the sky.
해가 하늘에서 빛나고 있다.

### water
[wɔ́:tər]

명사 **물**  동사 (식물 등에) 물을 주다

drink a bottle of **water**
물 한 병을 마시다

### paint
[peint]

명사 **페인트**  동사 1. **페인트칠하다**  2. **그리다**

We need **paint** to cover the wall.
우리는 벽을 덮기 위해 **페인트**가 필요하다.
참고 draw (연필·펜 등으로) 그리다

### garden
[gɑ́:rdn]

명사 **정원, 뜰**

She planted flowers in the **garden.**
그녀는 **정원**에 꽃을 심었다.

### drive
[draiv]

동사 **운전하다**  명사 driver 운전자, 기사

He knows how to **drive** a car.
그는 차를 **운전하는** 법을 안다.

### library
[láibrèri]

명사 **도서관**

read books in a **library**
도서관에서 책을 읽다

## street
[striːt]

명사 **거리, 길** 유의어 road 길, 도로

cross the **street**
길을 건너다

## never
[névər]

부사 **절대[결코] ~ 않다**

You should **never** give up!
절대 포기하면 안 돼!

## sleep
[sliːp]

동사 **(잠을) 자다** 형용사 sleepy 졸린, 졸음이 오는

I go to **sleep** early.
나는 일찍 잔다.

## change
[tʃeindʒ]

동사 **1. 변하다, 바뀌다 2. 바꾸다, 변화시키다**
명사 **변화**

The leaves **change** colors in fall.
나뭇잎은 가을에 색이 **변한다**.

## woman
[wúmən]

명사 **(복수형 women) 여자, 여성**

She is a smart **woman**.
그녀는 똑똑한 **여성**이다.
참고 man 남자, 남성

## delicious
[dilíʃəs]

형용사 **아주 맛있는** 유의어 tasty 맛있는

I ate **delicious** ice cream.
나는 **아주 맛있는** 아이스크림을 먹었다.

## A 단어를 듣고, 빈칸에 들어갈 알맞은 글자를 쓰세요. 🎧

①
w __ m a __

②
c __ a n __ e

③
__ u n

④
d r i __ e

⑤
l i b __ a r __

⑥
d e __ i __ i o u s

## B 우리말 뜻에 알맞은 단어가 되도록 글자를 바르게 배열하여 쓰세요.

① 정원, 뜰     a r d n e g     __ __ __ __ __ __

② 거리, 길     t e t e s r     __ __ __ __ __ __

③ 페인트     a n i t p     __ __ __ __ __

④ 해, 태양     u s n     __ __ __

⑤ 절대 ~ 않다     e n e r v     __ __ __ __ __

⑥ (잠을) 자다     e p l s e     __ __ __ __ __

**C** 그림에 알맞은 단어와 우리말 뜻을 찾아 줄을 이어 보세요.

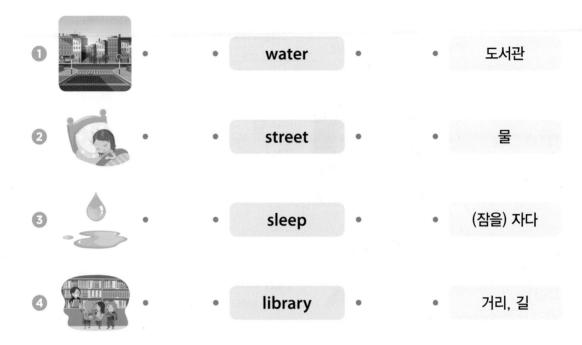

| | | |
|---|---|---|
| ① | water | 도서관 |
| ② | street | 물 |
| ③ | sleep | (잠을) 자다 |
| ④ | library | 거리, 길 |

**D** 우리말 뜻에 알맞은 단어를 〈보기〉에서 골라 문장을 완성하세요.

> 보기    drive        never        paint        woman

① 절대 포기하면 안 돼!
You should _____ give up!

② 우리는 벽을 덮기 위해 **페인트**가 필요하다.
We need _____ to cover the wall.

③ 그는 차를 **운전하는** 법을 안다.
He knows how to _____ a car.

④ 그녀는 똑똑한 **여성**이다.
She is a smart _____.

# DAY 18

## sugar
[ʃúgər]

명사 설탕

She put **sugar** in her coffee.
그녀는 커피에 **설탕**을 넣었다.
참고 salt 소금

## moon
[muːn]

명사 달

The **moon** is round and bright tonight.
오늘 밤은 **달**이 둥글고 밝다.

## run
[rʌn]

동사 뛰다, 달리다

**run** down the street
거리를 뛰어가다

## just
[dʒʌst]

부사 1. 딱, 바로  2. 막, 방금  3. 단지, 그저

This dress fits me **just** right.
이 원피스는 나한테 **딱** 맞는다.

## exam
[igzǽm]

명사 1. 시험  2. 검사   유의어 test 시험; 검사

pass the **exam**
**시험**을 통과하다

## crazy
[kréizi]

형용사 미친   유의어 mad 미친

That is a **crazy** idea!
그건 **미친** 생각이야!

## train
[trein]

명사 **기차, 열차**

get on a **train**
**기차**를 타다

## grow
[grou]

동사 **자라다, 성장하다**   명사 growth 성장

Kids **grow** so quickly.
아이들은 정말 빨리 **자란다**.

## cousin
[kʌ́zn]

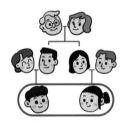

명사 **사촌**

He is my **cousin** on my mother's side.
그는 내 외가 쪽의 **사촌**이다.

## handsome
[hǽnsəm]

형용사 **잘생긴, 멋진**   반의어 ugly 못생긴

He is tall and **handsome**.
그는 키가 크고 **잘생겼다**.

## game
[geim]

명사 1. **놀이, 게임**   2. **경기, 시합**

We like to play **games** together.
우리는 **게임**을 같이 하는 것을 좋아한다.

## pocket
[pάkit]

명사 **(호)주머니**

I have a coin in my **pocket**.
내 **주머니** 안에 동전 하나가 있다.

**A** 들려주는 순서대로 일치하는 그림에 번호를 쓰고, 알맞은 단어와 이어 보세요.

train      exam      handsome      moon

**B** 우리말 뜻에 알맞은 단어가 되도록 글자를 바르게 배열하여 쓰세요.

❶ 딱, 바로      s j t u      ___ ___ ___ ___

❷ 뛰다, 달리다      u r n      ___ ___ ___

❸ (호)주머니      c k p e o t      ___ ___ ___ ___ ___ ___

❹ 기차, 열차      r n a t i      ___ ___ ___ ___ ___

❺ 사촌      o n u s i c      ___ ___ ___ ___ ___ ___

❻ 자라다, 성장하다      o r w g      ___ ___ ___ ___

**C** 그림에 알맞은 단어를 쓰고 퍼즐에서 찾아 동그라미 하세요.

❶

❷

_____      _____

❸

❹

_____      _____

| m | j | m | p | t | p |
|---|---|---|---|---|---|
| t | f | o | d | l | o |
| z | a | o | v | a | c |
| o | z | n | x | a | k |
| i | k | g | a | m | e |
| c | r | a | z | y | t |

**D** 우리말 뜻에 알맞은 단어를 〈보기〉에서 골라 문장을 완성하세요.

| 보기 | just | grow | sugar | handsome |

❶ 그는 키가 크고 **잘생겼다**.

He is tall and _____.

❷ 아이들은 정말 빨리 **자란다**.

Kids _____ so quickly.

❸ 이 원피스는 나한테 **딱** 맞는다.

This dress fits me _____ right.

❹ 그녀는 커피에 **설탕**을 넣었다.

She put _____ in her coffee.

89

## ice
[ais]

명사 **얼음**

The **ice** is melting.
얼음이 녹고 있다.

## frog
[frɔːg]

명사 **개구리**

**Frogs** can jump high.
개구리는 높이 뛰어오를 수 있다.

## should
[ʃəd]

동사 **~해야 한다**

You **should** be quiet in the theater.
극장에서는 조용히 **해야 한다**.

## deep
[diːp]

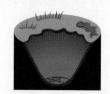

형용사 **깊은** 반의어 shallow 얕은 부사 **깊게**

dig a **deep** hole
**깊은** 구덩이를 파다

## basket
[bǽskit]

명사 **바구니**

The **basket** is full of vegetables.
바구니가 야채로 가득 차 있다.

## captain
[kǽptən]

명사 1. **선장, 기장** 2. **(팀의) 주장**

He is the **captain** of the ship.
그는 그 배의 **선장**이다.

## scissors
[sízərz]

명사 **(복수형으로) 가위**

Cut the paper with **scissors**.
가위로 종이를 잘라라.

## cold
[kould]

형용사 **추운, 차가운**　반의어 hot 더운, 뜨거운

It is so **cold** today.
오늘은 날씨가 너무 **춥다**.

## kitchen
[kítʃən]

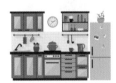

명사 **부엌, 주방**

I'm cooking in the **kitchen**.
나는 **부엌**에서 요리를 하는 중이다.

## under
[ʌndər]

전치사 1. **~ 아래에[로]** 2. **~ 미만의**
반의어 over ~ 위에[로]; ~ 이상의

A cat is **under** the table.
고양이가 탁자 **아래에** 있다.

## choose
[tʃuːz]

동사 **선택하다, 고르다**　유의어 pick 고르다

**choose** between two things
두 가지 중에서 **선택하다**

## building
[bíldiŋ]

명사 **건물, 빌딩**

Look at those tall **buildings**.
저 높은 **건물들**을 봐.

91

# DAILY TEST

**A** 단어를 듣고, 빈칸에 들어갈 알맞은 글자를 쓰세요. 🎧

1   b__i__ding

2   i__e

3   ca__ta__n

4   s__oul__

5   __ciss__r__

6   col__

**B** 우리말 뜻에 알맞은 단어가 되도록 글자를 바르게 배열하여 쓰세요.

1 개구리    r f g o    __ __ __ __

2 ~ 아래에[로]    u e d r n    __ __ __ __ __

3 부엌, 주방    e k c h i t n    __ __ __ __ __ __ __

4 선택하다, 고르다    o s c h o e    __ __ __ __ __ __

5 깊은; 깊게    e p d e    __ __ __ __

6 바구니    k e b a s t    __ __ __ __ __ __

**C** 그림에 알맞은 단어와 우리말 뜻을 찾아 줄을 이어 보세요.

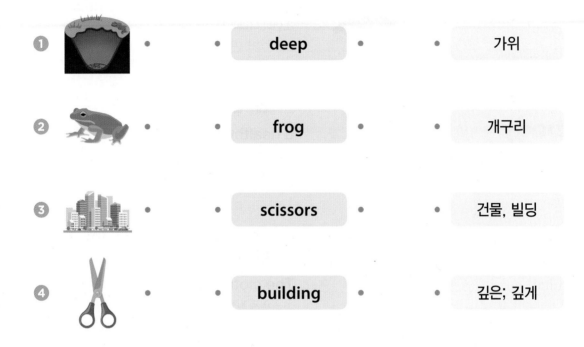

①   •  •   deep   •  •   가위

②   •  •   frog   •  •   개구리

③   •  •   scissors   •  •   건물, 빌딩

④   •  •   building   •  •   깊은; 깊게

**D** 우리말 뜻에 알맞은 단어를 〈보기〉에서 골라 문장을 완성하세요.

| 보기 | captain | basket | kitchen | should |
|------|---------|--------|---------|--------|

① 바구니가 야채로 가득 차 있다.

   The _____ is full of vegetables.

② 나는 부엌에서 요리를 하는 중이다.

   I'm cooking in the _____.

③ 그는 그 배의 선장이다.

   He is the _____ of the ship.

④ 극장에서는 조용히 해야 한다.

   You _____ be quiet in the theater.

## cap
[kæp]

명사 (앞에 챙이 달린) 모자

The boy put a **cap** on his head.
소년이 머리에 **모자**를 썼다.
참고 hat (테두리에 챙이 있는) 모자

## body
[bádi]

명사 몸, 신체

a healthy **body**
건강한 **몸**
참고 mind 마음, 정신

## dry
[drai]

형용사 마른, 건조한  반의어 wet 젖은, 축축한
동사 마르다, 말리다

The clothes are **dry** now.
옷은 이제 **말랐다.**

## rainbow
[réinbòu]

명사 무지개

We can see **rainbows** on rainy days.
우리는 비 오는 날에 **무지개**를 볼 수 있다.

## giraffe
[dʒərǽf]

명사 기린

**Giraffes** have very long necks.
기린은 아주 긴 목을 가지고 있다.

## introduce
[ìntrədúːs]

동사 소개하다

Let me **introduce** my friend.
내 친구를 소개할게.

## how
[hau]

부사 1. 어떻게  2. 얼마나

**How** do you go to school?
너는 학교에 **어떻게** 가니?

## city
[síti]

명사 도시

London is a **city** in England.
런던은 영국의 **도시**이다.

## pretty
[príti]

형용사 예쁜, 귀여운　유의어 beautiful 아름다운

My mom bought me this **pretty** dress.
엄마가 내게 이 **예쁜** 원피스를 사주셨다.

## understand
[ʌ̀ndərstǽnd]

동사 이해하다, 알다

I **understand** French.
나는 프랑스어를 **이해한다**.

## yesterday
[jéstərdèi]

부사 어제(는)　명사 어제

We had a party **yesterday**.
우리는 어제 파티를 했다.
참고 today 오늘(은) tomorrow 내일(에)

## triangle
[tráiæŋgl]

명사 삼각형

A **triangle** has three sides.
**삼각형**은 세 개의 변을 가진다.
참고 square 정사각형  circle 원, 동그라미

95

A 들려주는 순서대로 일치하는 그림에 번호를 쓰고, 알맞은 단어와 이어 보세요.

understand          rainbow          triangle          cap

B 우리말 뜻에 알맞은 단어가 되도록 글자를 바르게 배열하여 쓰세요.

❶ 예쁜, 귀여운          t p r t e y          ___ ___ ___ ___ ___ ___

❷ 도시          t i c y          ___ ___ ___ ___

❸ 마른, 건조한          r d y          ___ ___ ___

❹ 몸, 신체          y o b d          ___ ___ ___ ___

❺ 무지개          o b i r w a n          ___ ___ ___ ___ ___ ___ ___

❻ 어떻게          o h w          ___ ___ ___

**C** 그림에 알맞은 단어를 쓰고 퍼즐에서 찾아 동그라미 하세요.

❶

❷

_____

_____

| a | k | s | g | q | s | k |
|---|---|---|---|---|---|---|
| e | l | c | i | t | y | z |
| g | e | n | r | a | e | w |
| t | j | b | a | w | l | b |
| t | c | o | f | d | q | o |
| s | a | o | f | a | r | u |
| b | p | r | e | t | x | y |

❸

❹

_____

_____

**D** 우리말 뜻에 알맞은 단어를 〈보기〉에서 골라 문장을 완성하세요.

| 보기 | yesterday | how | triangle | introduce |

❶ 너는 학교에 **어떻게** 가니?

_____ do you go to school?

❷ 우리는 **어제** 파티를 했다.

We had a party _____.

❸ 내 친구를 **소개할게**.

Let me _____ my friend.

❹ **삼각형**은 세 개의 변을 가진다.

A _____ has three sides.

# REVIEW TEST

**A** 각 영어 단어의 우리말 뜻을 쓰세요.

1 ice _____
2 captain _____
3 city _____
4 drive _____
5 exam _____
6 paint _____
7 cap _____
8 crazy _____
9 water _____
10 choose _____
11 dry _____
12 sugar _____
13 basket _____
14 game _____
15 change _____
16 should _____

**B** 우리말 뜻에 맞는 영어 단어를 고르세요.

1 정원, 뜰    ① river    ② mountain    ③ garden
2 (잠을) 자다    ① learn    ② sleep    ③ read
3 이해해다, 알다    ① answer    ② want    ③ understand
4 거리, 길    ① street    ② city    ③ park
5 소개하다    ① arrive    ② introduce    ③ check
6 사촌    ① aunt    ② uncle    ③ cousin
7 달    ① cloud    ② moon    ③ sun
8 절대[결코] ~ 않다    ① never    ② already    ③ usually
9 잘생긴, 멋진    ① smart    ② handsome    ③ famous
10 딱, 바로; 막, 방금    ① just    ② very    ③ near

**C** 우리말 뜻에 맞는 영어 단어를 쓰세요.

1. 기차, 열차 _____
2. 몸, 신체 _____
3. 가위 _____
4. 무지개 _____
5. 개구리 _____
6. 도서관 _____
7. 여자, 여성 _____
8. 뛰다, 달리다 _____
9. 자라다, 성장하다 _____
10. 어떻게; 얼마나 _____
11. 해, 태양 _____
12. (호)주머니 _____
13. 기린 _____
14. 깊은; 깊게 _____
15. 부엌, 주방 _____
16. 어제(는); 어제 _____
17. 건물, 빌딩 _____
18. 삼각형 _____

**D** 주어진 단어와 <u>반대인</u> 뜻을 가진 단어를 〈보기〉에서 골라 쓰세요.

| 보기 | ugly | hot | over |
|---|---|---|---|

1. under _____
2. handsome _____
3. cold _____

**E** 주어진 단어와 <u>비슷한</u> 뜻을 가진 단어를 〈보기〉에서 골라 쓰세요.

| 보기 | test | tasty | beautiful |
|---|---|---|---|

1. pretty _____
2. exam _____
3. delicious _____

# MONTHS

| January | February | March |
|---|---|---|
|  |  |  |

| April | May | June |
|---|---|---|
|  |  |  |

| July | August | September |
|---|---|---|
|  |  |  |

| October | November | December |
|---|---|---|
|  |  |  |

Q: What day is it today?
A: It's Monday.

MONDAY

TUESDAY

WEDNESDAY

THURSDAY

FRIDAY

SATURDAY

SUNDAY

# DAY 21

**sky**
[skai]

명사 하늘

Look up at the blue **sky**!
파란 **하늘**을 올려다봐!

**flower**
[fláuər]

명사 꽃

I water the **flowers** every week.
나는 매주 **꽃**에 물을 준다.

**put**
[put]

동사 놓다, 넣다, 두다

**put** a coin in the jar
병에 동전을 **넣다**

**visit**
[vízit]

동사 방문하다  명사 방문  명사 visitor 방문객

We often **visit** our friends.
우리는 친구들을 자주 **방문한다**.

**nose**
[nouz]

명사 코

I have a runny **nose**.
저는 **콧**물이 나요.

**summer**
[sʌ́mər]

명사 여름

I hate hot days in **summer**.
나는 **여름**의 더운 날들을 싫어한다.

## box
[bɑːks]

명사 **상자**

I packed clothes in a **box**.
나는 **상자** 안에 옷을 쌌다.

## pig
[pig]

명사 **돼지**

A **pig** is playing in the mud.
**돼지**가 진흙에서 놀고 있다.

## shop
[ʃɑp]

명사 **가게, 상점** 유의어 store 가게, 상점
동사 **물건을 사다, 쇼핑하다**

He will buy a ring at a jewelry **shop**.
그는 보석 **가게**에서 반지를 살 것이다.

## group
[gruːp]

명사 **무리, 집단**

a **group** of people
한 **무리**의 사람들

## again
[əgén]

부사 **다시, 또**

Let me draw the dog **again**.
내가 그 개를 **다시** 그려볼게.

## open
[óupən]

형용사 **열려 있는** 동사 **열다** 반의어 close 닫다

The door is **open**.
문이 **열려** 있다.

**A** 단어를 듣고, 빈칸에 들어갈 알맞은 글자를 쓰세요.

①  s__op

②  pi__

③  p__t

④  __lo__er

⑤  __ox

⑥  __is__t

**B** 우리말 뜻에 알맞은 단어가 되도록 글자를 바르게 배열하여 쓰세요.

① 무리, 집단　r g u p o　＿＿ ＿＿ ＿＿ ＿＿ ＿＿

② 하늘　y s k　＿＿ ＿＿ ＿＿

③ 열려 있는　e p n o　＿＿ ＿＿ ＿＿ ＿＿

④ 다시, 또　n a a i g　＿＿ ＿＿ ＿＿ ＿＿ ＿＿

⑤ 방문하다　s v i t i　＿＿ ＿＿ ＿＿ ＿＿ ＿＿

⑥ 여름　r m s e m u　＿＿ ＿＿ ＿＿ ＿＿ ＿＿ ＿＿

C 그림에 알맞은 단어와 우리말 뜻을 찾아 줄을 이어 보세요.

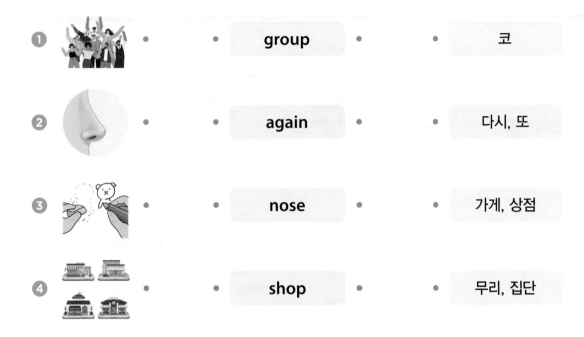

1 ● ● group ● ● 코

2 ● ● again ● ● 다시, 또

3 ● ● nose ● ● 가게, 상점

4 ● ● shop ● ● 무리, 집단

D 우리말 뜻에 알맞은 단어를 〈보기〉에서 골라 문장을 완성하세요.

| 보기 | flowers | pig | open | summer |

1 문이 **열려** 있다.

　The door is ＿＿＿＿＿＿.

2 나는 **여름**의 더운 날들을 싫어한다.

　I hate hot days in ＿＿＿＿＿＿.

3 나는 매주 **꽃**에 물을 준다.

　I water the ＿＿＿＿＿＿ every week.

4 **돼지**가 진흙에서 놀고 있다.

　A ＿＿＿＿＿＿ is playing in the mud.

# DAY 22

## rabbit
[rǽbit]

명사 토끼

**Rabbits** have long ears.
토끼는 긴 귀를 가지고 있다.

## sing
[siŋ]

동사 노래하다  명사 singer 가수

**sing** on the stage
무대 위에서 노래하다

## cute
[kjuːt]

형용사 귀여운, 예쁜  유의어 pretty 예쁜, 귀여운

a **cute** puppy
귀여운 강아지

## grandmother
[grǽndmʌðər]

명사 할머니

My **grandmother** is 70 years old.
우리 할머니는 70세이시다.
참고 grandfather 할아버지

## gold
[gould]

명사 금  형용사 금으로 된

This ring is made of **gold**.
이 반지는 금으로 만들어졌다.
참고 silver 은; 은으로 된

## all
[ɔːl]

형용사 모든  대명사 모두, 다

He ate **all** the apples.
그가 모든 사과를 먹어버렸다.

## of
[əv]

전치사 1. [소속·소유] ~의    2. [부분] ~ 중의

**This is the arm of the robot.**

이것은 로봇의 팔이다.

## new
[nuː]

형용사 **새, 새로운**   반의어 old 낡은, 오래된

**I'm going to buy a new sofa.**

나는 새 소파를 살 것이다.

## color
[kʌ́lər]

명사 **색(깔), 빛깔**

형용사 colorful 알록달록한, 다채로운

**Chameleons can change their colors.**

카멜레온은 자신들의 색을 바꿀 수 있다.

## where
[wɛər]

부사 **어디에, 어디로, 어디에서**

**Where do you live?**

넌 어디에 살아?

## study
[stʌ́di]

동사 **공부하다, 배우다**   명사 **공부, 연구**

**I have to study for the next exam.**

나는 다음 시험을 위해 공부해야 한다.

## heavy
[hévi]

형용사 **무거운**   반의어 light 가벼운

**This bag is too heavy.**

이 가방은 너무 무겁다.

**A** 들려주는 순서대로 일치하는 그림에 번호를 쓰고, 알맞은 단어와 이어 보세요.

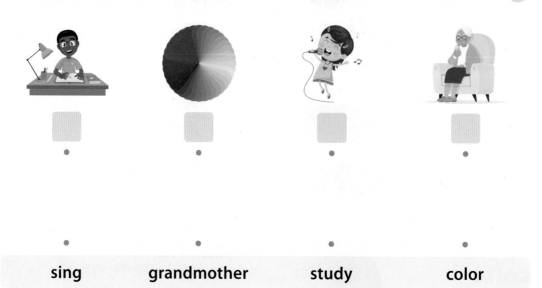

sing        grandmother        study        color

**B** 우리말 뜻에 알맞은 단어가 되도록 글자를 바르게 배열하여 쓰세요.

① 귀여운, 예쁜        u t c e        ___ ___ ___ ___

② 토끼        i r b b t a        ___ ___ ___ ___ ___ ___

③ 새, 새로운        w e n        ___ ___ ___

④ 노래하다        n s g i        ___ ___ ___ ___

⑤ 어디에, 어디로        h e e r w        ___ ___ ___ ___ ___

⑥ 모든; 모두, 다        l a l        ___ ___ ___

**C** 그림에 알맞은 단어를 쓰고 퍼즐에서 찾아 동그라미 하세요.

❶

❷

_____

_____

❸

❹

_____

_____

| z | r | r | i | b | u | g |
|---|---|---|---|---|---|---|
| w | m | a | t | j | i | o |
| k | m | a | b | a | x | l |
| e | t | x | z | b | o | d |
| b | o | n | e | y | i | n |
| e | h | e | a | v | y | t |
| o | v | w | c | b | a | r |

**D** 우리말 뜻에 알맞은 단어를 〈보기〉에서 골라 문장을 완성하세요.

| 보기 | all | colors | of | study |
|---|---|---|---|---|

❶ 그가 **모든** 사과를 먹어버렸다.

He ate _____ the apples.

❷ 이것은 로봇**의** 팔이다.

This is the arm _____ the robot.

❸ 나는 다음 시험을 위해 **공부해야** 한다.

I have to _____ for the next exam.

❹ 카멜레온은 자신들의 **색**을 바꿀 수 있다.

Chameleons can change their _____.

## tower
[táuər]

명사 **탑**

The **tower** is 320 meters tall.
그 탑은 높이가 320미터이다.

## juice
[dʒuːs]

명사 **즙, 주스**   형용사 juicy 즙이 많은

Pour the **juice** into the glass.
유리잔에 **주스**를 따라라.

## act
[ækt]

동사 **행동하다**   명사 **행동, 행위**
명사 action 행동, 조치

They **act** like superheroes.
그들은 슈퍼 영웅들처럼 **행동한다**.

## lion
[láiən]

명사 **사자**

The **lion** is the king of the jungle.
**사자**는 정글의 왕이다.

## hungry
[hʌ́ŋgri]

형용사 **배고픈**   반의어 full 배부른

I didn't eat lunch, so I'm **hungry**.
나는 점심을 안 먹어서 **배가 고프다**.

## shoulder
[ʃóuldər]

명사 **어깨**

Stretch your arm and **shoulder**.
팔과 **어깨**를 쭉 뻗으세요.

## trip
[trip]

명사 **(짧은) 여행**   유의어 tour 여행, 관광

a **trip** to Jeju Island
제주도로의 여행

## light
[lait]

명사 1. **빛**   2. **전등**
형용사 1. **밝은**   2. **가벼운**

**Light** travels faster than sound.
빛은 소리보다 빠르게 이동한다.

## basketball
[bǽskitbɔ̀:l]

명사 1. **농구**   2. **농구공**

We played **basketball** in the gym.
우리는 체육관에서 **농구**를 했다.

## week
[wi:k]

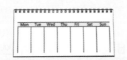

명사 **주, 일주일**

five days a **week**
일주일에 5일
참고 month 달, 1개월   year 연, 1년

## begin
[biɡín]

동사 **시작하다**   유의어 start 시작하다

What time does the concert **begin**?
연주회는 몇 시에 **시작하나요**?

## family
[fǽməli]

명사 **가족**

How many people are in your **family**?
너의 **가족**은 몇 명이니?

111

**A** 단어를 듣고, 빈칸에 들어갈 알맞은 글자를 쓰세요. 🎧

①  __ ami __ y

②  wee __

③  l __ gh __

④  __ uic __

⑤  bas __ et __ al __

⑥  tri __

**B** 우리말 뜻에 알맞은 단어가 되도록 글자를 바르게 배열하여 쓰세요.

① 행동하다    c t a     ___ ___ ___

② 배고픈    r g h n u y     ___ ___ ___ ___ ___ ___

③ 사자    n l o i     ___ ___ ___ ___

④ 주, 일주일    e k e w     ___ ___ ___ ___

⑤ 시작하다    e b i g n     ___ ___ ___ ___ ___

⑥ 어깨    l e r h s o u d     ___ ___ ___ ___ ___ ___ ___ ___

**C** 그림에 알맞은 단어와 우리말 뜻을 찾아 줄을 이어 보세요.

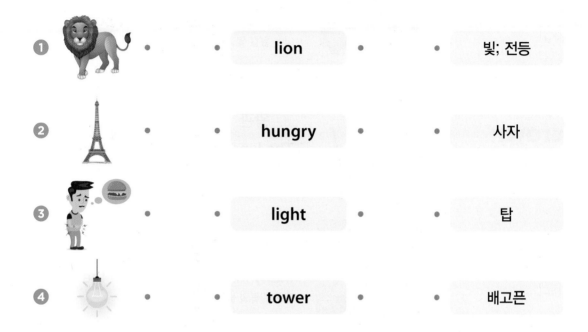

① • • lion • • 빛; 전등

② • • hungry • • 사자

③ • • light • • 탑

④ • • tower • • 배고픈

**D** 우리말 뜻에 알맞은 단어를 〈보기〉에서 골라 문장을 완성하세요.

| 보기 | tower | family | shoulder | begin |

① 연주회는 몇 시에 **시작하나요**?
What time does the concert _____?

② 그 **탑**은 높이가 320미터이다.
The _____ is 320 meters tall.

③ 팔과 **어깨**를 쭉 뻗으세요.
Stretch your arm and _____.

④ 너의 **가족**은 몇 명이니?
How many people are in your _____?

# DAY 24

## egg
[eg]

명사 **달걀, 알**

I boiled some **eggs** in a pot.
나는 **달걀** 몇 개를 냄비에 삶았다.

## crown
[kraun]

명사 **왕관**

The king wears a gold **crown**.
왕은 금으로 된 **왕관**을 쓴다.

## sea
[siː]

명사 **바다**   유의어 ocean 바다

Many kinds of fish live in the **sea**.
많은 종류의 물고기가 **바다**에 산다.

## right
[rait]

형용사 1. **맞는, 정확한**   2. **옳은, 바른**
3. **오른쪽의**   반의어 left 왼쪽의

That is the **right** answer.
그건 **맞는** 답이다.

## watch
[wɑːtʃ]

동사 **보다, 지켜보다**   명사 **손목시계**

**watch** TV
TV를 보다

## bathroom
[bǽθrùːm]

명사 **욕실, 화장실**

Can I use your **bathroom**?
화장실을 쓸 수 있을까요?
참고 restroom (공공장소의) 화장실

114

## bear
[bɛər]

명사 **곰**

**Bears** sleep during the winter.
곰은 겨울 동안 잠을 잔다.

## call
[kɔːl]

동사 1. **전화하다** 2. **부르다**

I'll **call** you back later.
내가 나중에 다시 **전화할게**.

## shoe
[ʃuː]

명사 **(주로 복수형으로) 신, 신발**

Please take off your **shoes**.
신발을 벗어 주세요.

## daughter
[dɔ́ːtər]

명사 **딸**

She is their only **daughter**.
그녀는 그들의 외동딸이다.
참고 son 아들

## curtain
[kə́ːrtn]

명사 **커튼**

The **curtains** are closed.
커튼이 닫혀 있다.

## between
[bitwíːn]

전치사 **[위치·시간] ~ 사이에, ~ 중간에**

Jay is standing **between** his friends.
제이는 그의 친구들 **사이에** 서 있다.

115

**A** 들려주는 순서대로 일치하는 그림에 번호를 쓰고, 알맞은 단어와 이어 보세요.

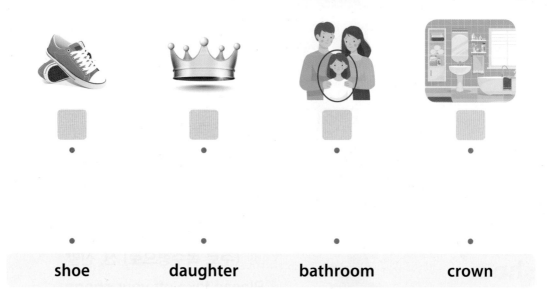

shoe　　daughter　　bathroom　　crown

**B** 우리말 뜻에 알맞은 단어가 되도록 글자를 바르게 배열하여 쓰세요.

1 달걀, 알　　　g e g 　　　___ ___ ___

2 곰　　　e b r a 　　　___ ___ ___ ___

3 ~ 사이에　　　w b e e t e n 　　　___ ___ ___ ___ ___ ___ ___

4 커튼　　　u t n c a i r 　　　___ ___ ___ ___ ___ ___ ___

5 맞는; 옳은　　　g r i t h 　　　___ ___ ___ ___ ___

6 전화하다; 부르다　　　l c l a 　　　___ ___ ___ ___

**C** 그림에 알맞은 단어를 쓰고 퍼즐에서 찾아 동그라미 하세요.

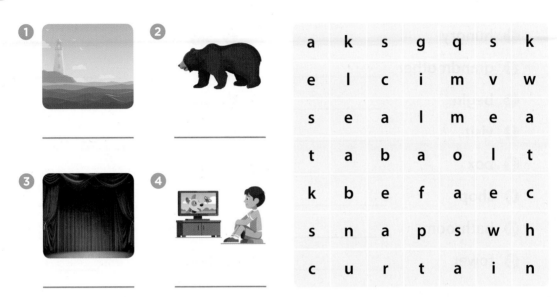

| a | k | s | g | q | s | k |
|---|---|---|---|---|---|---|
| e | l | c | i | m | v | w |
| s | e | a | l | m | e | a |
| t | a | b | a | o | l | t |
| k | b | e | f | a | e | c |
| s | n | a | p | s | w | h |
| c | u | r | t | a | i | n |

❶ _____   ❷ _____

❸ _____   ❹ _____

**D** 우리말 뜻에 알맞은 단어를 〈보기〉에서 골라 문장을 완성하세요.

| 보기 | between | daughter | call | crown |
|---|---|---|---|---|

❶ 내가 나중에 다시 **전화할게**.
I'll _____ you back later.

❷ 그녀는 그들의 외동**딸**이다.
She is their only _____.

❸ 제이는 그의 친구들 **사이에** 서 있다.
Jay is standing _____ his friends.

❹ 왕은 금으로 된 **왕관**을 쓴다.
The king wears a gold _____.

# REVIEW TEST

**A** 각 영어 단어의 우리말 뜻을 쓰세요.

1. hungry _____
2. sky _____
3. grandmother _____
4. crown _____
5. begin _____
6. again _____
7. visit _____
8. where _____
9. box _____
10. all _____
11. shop _____
12. study _____
13. bathroom _____
14. watch _____
15. tower _____
16. lion _____

**B** 우리말 뜻에 맞는 영어 단어를 고르세요.

1. 맞는; 옳은    ① right    ② heavy    ③ deep
2. 신, 신발    ① hat    ② shoe    ③ skirt
3. 새, 새로운    ① new    ② fast    ③ dirty
4. 놓다, 넣다, 두다    ① meet    ② put    ③ eat
5. 주, 일주일    ① month    ② day    ③ week
6. 행동하다    ① act    ② dance    ③ give
7. 색(깔), 빛깔    ① yellow    ② color    ③ blue
8. ~의; ~ 중의    ① of    ② like    ③ with
9. 귀여운, 예쁜    ① smart    ② cute    ③ famous
10. 여름    ① spring    ② winter    ③ summer

**C** 우리말 뜻에 맞는 영어 단어를 쓰세요.

1. 어깨 _____
2. 전화하다; 부르다 _____
3. 꽃 _____
4. 딸 _____
5. 금; 금으로 된 _____
6. 코 _____
7. 토끼 _____
8. 노래하다 _____
9. 가족 _____
10. 농구; 농구공 _____
11. 무리, 집단 _____
12. 빛; 전등 _____
13. 곰 _____
14. 커튼 _____
15. 달걀, 알 _____
16. ~ 사이에 _____
17. 돼지 _____
18. 즙, 주스 _____

**D** 주어진 단어와 반대인 뜻을 가진 단어를 〈보기〉에서 골라 쓰세요.

| 보기 | old | close | light |
|---|---|---|---|

1. open _____
2. heavy _____
3. new _____

**E** 주어진 단어와 비슷한 뜻을 가진 단어를 〈보기〉에서 골라 쓰세요.

| 보기 | ocean | tour | pretty |
|---|---|---|---|

1. trip _____
2. sea _____
3. cute _____

# DAY 25

**eye**
[ai]

명사 **눈**

I closed my **eyes**.
나는 눈을 감았다.

**bell**
[bel]

명사 1. **종, 종소리** 2. **벨, 초인종**

The **bell** is ringing.
종이 울리고 있다.

**test**
[test]

명사 1. **시험** 2. **검사** 유의어 **exam** 시험; 검사

I took a math **test** yesterday.
나는 어제 수학 **시험**을 봤다.

**girl**
[gəːrl]

명사 **소녀, 여자아이**

That **girl** is my younger sister.
저 **여자아이**는 내 여동생이다.
참고 **boy** 소년, 남자아이

**night**
[nait]

명사 **밤, 야간**

The sky is dark at **night**.
**밤**에는 하늘이 어둡다.
참고 **day** 낮

**send**
[send]

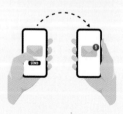

동사 **보내다, 발송하다**

**send** a message
메시지를 보내다

## about
[əbáut]

[부사] 약, ~쯤  [전치사] ~에 대한

I am **about** 140 cm tall.
내 키는 **약** 140cm이다.

## leave
[liːv]

[동사] 1. 떠나다  2. 남기다, 남겨두다

The man will **leave** for vacation.
남자는 휴가를 **떠날** 것이다.

## green
[griːn]

[형용사] 녹색[초록빛]의  [명사] 녹색, 초록색

a **green** leaf
**녹색의** 나뭇잎

## bedroom
[bédrùːm]

[명사] 침실

My **bedroom** is next to the kitchen.
내 **침실**은 주방 옆에 있다.
[참고] bed 침대

## beautiful
[bjúːtəfəl]

[형용사] 아름다운  [명사] beauty 아름다움, 미

She has a **beautiful** voice.
그녀는 **아름다운** 목소리를 갖고 있다.

## science
[sáiəns]

[명사] 과학  [명사] scientist 과학자

learn about energy in **science** class
**과학** 수업에서 에너지에 대해 배우다

A 단어를 듣고, 빈칸에 들어갈 알맞은 글자를 쓰세요.

①  gi __ l

②  __ ea __ e

③  be __ roo __

④  ni __ __ __ t

⑤   e __ e

⑥  b __ au __ i __ ul

B 우리말 뜻에 알맞은 단어가 되도록 글자를 바르게 배열하여 쓰세요.

① 과학          n c e e c i s          _ _ _ _ _ _ _

② 보내다, 발송하다     d e s n          _ _ _ _

③ 종, 종소리       l l b e          _ _ _ _

④ 시험; 검사       t s e t          _ _ _ _

⑤ 떠나다; 남기다     e e l v a          _ _ _ _ _

⑥ 약, ~쯤        b u o a t          _ _ _ _ _

**C** 그림에 알맞은 단어와 우리말 뜻을 찾아 줄을 이어 보세요.

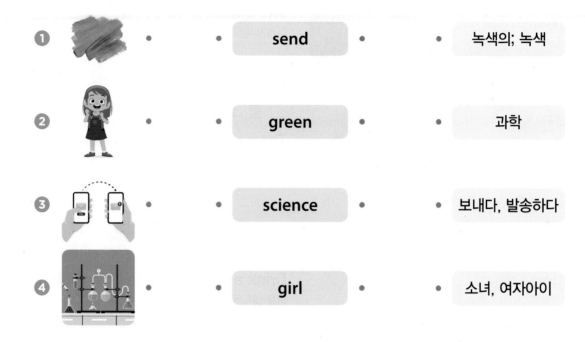

1 ·　·　send　·　·　녹색의; 녹색

2 ·　·　green　·　·　과학

3 ·　·　science　·　·　보내다, 발송하다

4 ·　·　girl　·　·　소녀, 여자아이

**D** 우리말 뜻에 알맞은 단어를 〈보기〉에서 골라 문장을 완성하세요.

보기　　night　　　beautiful　　　about　　　test

1 내 키는 **약** 140cm이다.
　I am ＿＿＿＿＿＿＿ 140 cm tall.

2 **밤**에는 하늘이 어둡다.
　The sky is dark at ＿＿＿＿＿＿＿.

3 나는 어제 수학 **시험**을 봤다.
　I took a math ＿＿＿＿＿＿＿ yesterday.

4 그녀는 **아름다운** 목소리를 갖고 있다.
　She has a ＿＿＿＿＿＿＿ voice.

**low**
[lou]

형용사 **낮은** 부사 **낮게** 반의어 high 높은; 높게

The bridge is very **low**.
다리가 매우 **낮다**.

**fire**
[faiər]

명사 **불, 화재**

The cause of the **fire** is not clear.
**화재**의 원인은 명확하지 않다.

**hot**
[hɑt]

형용사 1. **더운, 뜨거운** 반의어 cold 추운, 차가운
2. **매운** 유의어 spicy 매운, 매콤한

Drink a lot of water in **hot** weather.
**더운** 날씨에는 물을 많이 마셔라.

**duck**
[dʌk]

명사 **오리**

A **duck** is swimming in the lake.
**오리**가 호수에서 헤엄치고 있다.

**always**
[ɔ́:lweiz]

부사 **항상, 언제나**

He is **always** busy.
그는 **항상** 바쁘다.

**toothbrush**
[túθbrəʃ]

명사 **칫솔**

I brush my teeth with a **toothbrush**.
나는 **칫솔**로 이를 닦는다.
참고 toothpaste 치약

## or
[ər]

접속사 **또는, 혹은**

Do you want coffee **or** tea?
커피 **또는** 차를 원하세요?

## cookie
[kúki]

명사 **쿠키**

Put the **cookies** into the oven.
**쿠키**를 오븐에 넣으세요.

## wash
[waʃ]

동사 **씻다, 세탁하다** 유의어 clean 닦다, 청소하다

**Wash** your hands before meals.
식사 전에 손을 **씻어라**.

## sleepy
[slí:pi]

형용사 **졸린, 졸음이 오는**

I felt **sleepy** after lunch.
나는 점심을 먹고 나니 **졸렸다**.

## brown
[braun]

형용사 **갈색의** 명사 **갈색**

The banana has **brown** spots on it.
바나나에 **갈색의** 점들이 있다.

## hobby
[hábi]

명사 **취미**

I paint pictures as a **hobby**.
나는 **취미**로 그림을 그린다.

125

**A** 들려주는 순서대로 일치하는 그림에 번호를 쓰고, 알맞은 단어와 이어 보세요.

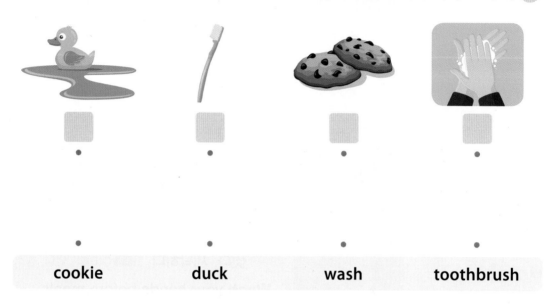

cookie          duck          wash          toothbrush

**B** 우리말 뜻에 알맞은 단어가 되도록 글자를 바르게 배열하여 쓰세요.

① 졸린, 졸음이 오는        s e p l e y        ___ ___ ___ ___ ___ ___

② 불, 화재        f r e i        ___ ___ ___ ___

③ 취미        o h b y b        ___ ___ ___ ___ ___

④ 갈색의; 갈색        w r o b n        ___ ___ ___ ___ ___

⑤ 항상, 언제나        y a l s a w        ___ ___ ___ ___ ___ ___

⑥ 낮은; 낮게        w l o        ___ ___ ___

**C** 그림에 알맞은 단어를 쓰고 퍼즐에서 찾아 동그라미 하세요.

①

_____

②

_____

③

_____

④

_____

| h | c | m | o | h | s |
|---|---|---|---|---|---|
| h | o | b | b | y | l |
| t | f | t | k | s | e |
| u | h | i | e | t | e |
| v | r | v | r | y | p |
| g | h | b | x | e | y |

**D** 우리말 뜻에 알맞은 단어를 〈보기〉에서 골라 문장을 완성하세요.

| 보기 | wash | brown | always | or |
|---|---|---|---|---|

① 그는 **항상** 바쁘다.

He is _____ busy.

② 식사 전에 손을 **씻어라**.

_____ your hands before meals.

③ 커피 **또는** 차를 원하세요?

Do you want coffee _____ tea?

④ 바나나에 **갈색의** 점들이 있다.

The banana has _____ spots on it.

# DAY 27

## boy
[bɔi]

명사 **소년, 남자아이**

The **boy** is riding a skateboard.
소년이 스케이트보드를 타고 있다.

## hand
[hænd]

명사 **손**

The man waved his **hand** at me.
그 남자는 나에게 **손**을 흔들었다.
참고 foot 발

## fine
[fain]

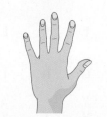

형용사 1. **좋은, 훌륭한** 유의어 good 좋은, 잘된
      2. **건강한** 유의어 well 건강한

The hotel has a **fine** view of the sea.
그 호텔은 바다 전망이 **좋다**.

## king
[kiŋ]

명사 **왕**

the **king** and queen of Spain
스페인의 **왕**과 왕비
참고 queen 여왕

## bird
[bəːrd]

명사 **새**

The **bird** is in the tree.
**새**가 나무에 있다.

## wedding
[wédiŋ]

명사 **결혼식**

My aunt's **wedding** is next Saturday.
이모의 **결혼식**은 다음 주 토요일이다.
참고 marriage 결혼

## cup
[kʌp]

명사 1. 컵, 잔 2. 한 잔(의 양)

She put her **cup** down on the table.
그녀는 **컵**을 탁자 위에 내려놓았다.

## ask
[æsk]

동사 1. 묻다, 물어보다 반의어 answer 대답하다
2. 부탁하다, 요청하다

May I **ask** your name?
당신의 이름을 **물어봐도** 될까요?

## little
[lítl]

형용사 1. 작은 반의어 big 큰 2. 어린

Look at this **little** bug.
이 **작은** 벌레 좀 봐.

## afternoon
[æftərnúːn]

명사 오후

It will be sunny in the **afternoon**.
**오후**에는 화창할 것이다.
참고 morning 오전

## swim
[swim]

동사 수영하다, 헤엄치다

He likes to **swim** in the pool.
그는 수영장에서 **수영하는** 것을 좋아한다.

## subject
[sʌ́bdʒikt]

명사 1. 주제 유의어 topic 주제, 화제 2. 과목

the **subject** of the story
이야기의 **주제**

129

## DAY 27 DAILY TEST

**A** 단어를 듣고, 빈칸에 들어갈 알맞은 글자를 쓰세요.

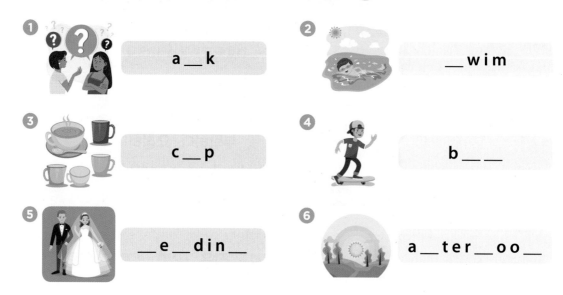

① a __ k

② __ w i m

③ c __ p

④ b __ __ __

⑤ __ e __ d i n __

⑥ a __ t e r __ o o __

**B** 우리말 뜻에 알맞은 단어가 되도록 글자를 바르게 배열하여 쓰세요.

① 손    n d a h    ___ ___ ___ ___

② 새    r b d i    ___ ___ ___ ___

③ 좋은, 훌륭한    i f e n    ___ ___ ___ ___

④ 작은; 어린    t e l i t l    ___ ___ ___ ___ ___ ___

⑤ 수영하다    w m s i    ___ ___ ___ ___

⑥ 주제; 과목    t u s b e c j    ___ ___ ___ ___ ___ ___ ___

**C** 그림에 알맞은 단어와 우리말 뜻을 찾아 줄을 이어 보세요.

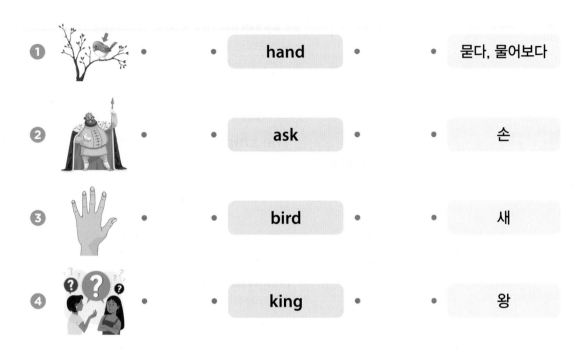

❶ • • hand • • 묻다, 물어보다

❷ • • ask • • 손

❸ • • bird • • 새

❹ • • king • • 왕

**D** 우리말 뜻에 알맞은 단어를 〈보기〉에서 골라 문장을 완성하세요.

| 보기 | cup | boy | wedding | afternoon |

❶ 이모의 **결혼식**은 다음 주 토요일이다.

My aunt's _____ is next Saturday.

❷ **소년**이 스케이트보드를 타고 있다.

The _____ is riding a skateboard.

❸ 그녀는 **컵**을 탁자 위에 내려놓았다.

She put her _____ down on the table.

❹ **오후**에는 화창할 것이다.

It will be sunny in the _____.

# DAY 28

**ear**
[iər]

명사 **귀**

I covered my **ears** with my hands.
나는 손으로 **귀**를 막았다.

**ship**
[ʃip]

명사 **(큰) 배, 선박**

The **ship** can carry tons of oil.
그 **배**는 수 톤의 기름을 운반할 수 있다.
참고 boat 배, 보트

**white**
[wait]

형용사 **흰, 흰색의** 명사 **흰색**

Her **white** wedding dress is beautiful.
그녀의 **흰** 웨딩드레스가 아름답다.

**walk**
[wɔːk]

동사 **걷다** 명사 **걷기, 산책**

I like to **walk** in the park.
나는 공원에서 **걷는** 것을 좋아한다.

**left**
[left]

형용사 **왼쪽의** 명사 **왼쪽**
반의어 right 오른쪽의; 오른쪽

Do you write with your **left** hand?
너는 **왼쪽** 손으로 글을 쓰니?

**weekend**
[wíːkènd]

명사 **주말**

We play soccer every **weekend**.
우리는 매 **주말**에 축구를 한다.
참고 week 주, 일주일

## evening
[íːvniŋ]

명사 **저녁, 밤**

Most shops are closed in the **evening**.
대부분의 가게들이 **저녁**에 문을 닫는다.

## pilot
[páilət]

명사 **조종사, 비행사**

He is the **pilot** of the plane.
그는 비행기 **조종사**이다.

## line
[lain]

명사 **선, 줄**

draw a **line**
**선**을 그리다

## hope
[houp]

동사 **바라다, 희망하다**   명사 **바람, 희망**

I **hope** to see you again.
당신을 다시 만나길 **바랍니다**.

## puppy
[pʌ́pi]

명사 **강아지**

My **puppy** can run fast.
우리 **강아지**는 빠르게 달릴 수 있다.
 참고 dog 개

## behind
[biháind]

전치사 **[위치] ~ 뒤에, ~ 뒤로**

There is someone **behind** the door.
문 **뒤에** 누군가가 있다.

133

# DAY 28 DAILY TEST

**A** 들려주는 순서대로 일치하는 그림에 번호를 쓰고, 알맞은 단어와 이어 보세요. 🎧

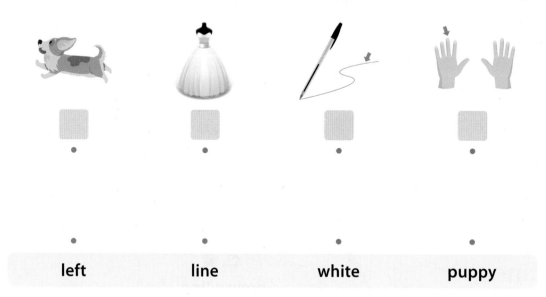

| left | line | white | puppy |

**B** 우리말 뜻에 알맞은 단어가 되도록 글자를 바르게 배열하여 쓰세요.

❶ ~ 뒤에, ~ 뒤로    d h b i e n    __ __ __ __ __ __

❷ (큰) 배, 선박    s p h i    __ __ __ __

❸ 바라다    o e p h    __ __ __ __

❹ 흰, 흰색    h e w i t    __ __ __ __ __

❺ 조종사, 비행사    t o p l i    __ __ __ __ __

❻ 저녁, 밤    v n e e i g n    __ __ __ __ __ __ __

**C** 그림에 알맞은 단어를 쓰고 퍼즐에서 찾아 동그라미 하세요.

❶
_____

❷
_____

❸
_____

❹
_____

| a | s | s | g | q | s | k |
|---|---|---|---|---|---|---|
| e | h | c | s | h | m | q |
| p | i | l | o | t | e | w |
| t | p | j | a | p | l | b |
| w | e | e | k | e | n | d |
| s | n | o | a | b | w | f |
| m | u | r | t | r | i | g |

**D** 우리말 뜻에 알맞은 단어를 〈보기〉에서 골라 문장을 완성하세요.

보기   weekend        left        behind        walk

❶ 나는 공원에서 **걷는** 것을 좋아한다.
I like to _____ in the park.

❷ 우리는 매 **주말**에 축구를 한다.
We play soccer every _____.

❸ 문 **뒤에** 누군가가 있다.
There is someone _____ the door.

❹ 너는 **왼쪽** 손으로 글을 쓰니?
Do you write with your _____ hand?

# REVIEW TEST

## A 각 영어 단어의 우리말 뜻을 쓰세요.

| | | | | |
|---|---|---|---|---|
| ❶ | evening | _____ | ❷ behind | _____ |
| ❸ | girl | _____ | ❹ hot | _____ |
| ❺ | eye | _____ | ❻ duck | _____ |
| ❼ | leave | _____ | ❽ bird | _____ |
| ❾ | or | _____ | ❿ king | _____ |
| ⓫ | puppy | _____ | ⓬ wedding | _____ |
| ⓭ | test | _____ | ⓮ hope | _____ |
| ⓯ | left | _____ | ⓰ beautiful | _____ |

## B 우리말 뜻에 맞는 영어 단어를 고르세요.

| | | | | |
|---|---|---|---|---|
| ❶ | 밤, 야간 | ① night | ② noon | ③ afternoon |
| ❷ | 약, ~쯤; ~에 대한 | ① here | ② just | ③ about |
| ❸ | 수영하다, 헤엄치다 | ① swim | ② jump | ③ run |
| ❹ | 보내다, 발송하다 | ① buy | ② send | ③ pack |
| ❺ | 흰; 흰색 | ① brown | ② white | ③ green |
| ❻ | 불, 화재 | ① fire | ② flag | ③ fish |
| ❼ | 주말 | ① weekend | ② time | ③ week |
| ❽ | 낮은; 낮게 | ① big | ② tall | ③ low |
| ❾ | 조종사, 비행사 | ① prince | ② pilot | ③ doctor |
| ❿ | 걷다; 걷기, 산책 | ① drive | ② look | ③ walk |

**C** 우리말 뜻에 맞는 영어 단어를 쓰세요.

1. 귀 _____
2. 갈색의; 갈색 _____
3. 과학 _____
4. (큰) 배, 선박 _____
5. 침실 _____
6. 취미 _____
7. 졸린, 졸음이 오는 _____
8. 선, 줄 _____
9. 항상, 언제나 _____
10. 소년, 남자아이 _____
11. 쿠키 _____
12. 칫솔 _____
13. 컵, 잔 _____
14. 녹색의; 녹색 _____
15. 손 _____
16. 오후 _____
17. 왼쪽의; 왼쪽 _____
18. 종, 종소리 _____

**D** 주어진 단어와 <u>반대인</u> 뜻을 가진 단어를 〈보기〉에서 골라 쓰세요.

| 보기 | high | answer | big |
|------|------|--------|-----|

1. low _____
2. little _____
3. ask _____

**E** 주어진 단어와 <u>비슷한</u> 뜻을 가진 단어를 〈보기〉에서 골라 쓰세요.

| 보기 | clean | good | topic |
|------|-------|------|-------|

1. fine _____
2. wash _____
3. subject _____

## car
[kɑːr]

명사 **차, 자동차**

There are many **cars** on the road.
도로에 **차**가 많다.

## air
[ɛər]

명사 **공기, 대기**

get some fresh **air**
신선한 **공기**를 쐬다

## size
[saiz]

명사 1. **크기** 2. **(옷·신발의) 치수**

different **sizes** of boxes
서로 다른 **크기**의 상자들

## morning
[mɔ́ːrniŋ]

명사 **아침, 오전**

I wake up early in the **morning**.
나는 **아침**에 일찍 일어난다.
참고 night 밤, 야간

## town
[taun]

명사 **마을, 동네, (소)도시**

He is from a small **town**.
그는 작은 **마을** 출신이다.
참고 village (시골) 마을

## write
[rait]

동사 1. **(글자·숫자를) 쓰다**
2. **(책 등을) 쓰다** 명사 writer 작가

Please **write** your phone number.
당신의 전화번호를 써주세요.

## bee
[biː]

명사 **벌**

**Bees** are collecting honey.
벌들이 꿀을 모으고 있다.

## touch
[tʌʃ]

동사 **만지다, 건드리다**

Don't **touch** the dog.
그 개를 만지지 마.

## homework
[hóumwə̀ːrk]

명사 **숙제, 과제**

I have to do my **homework**.
나는 **숙제**를 해야 한다.

## foot
[fut]

명사 **(복수형 feet) 발**

Kick the ball with your right **foot**.
오른**발**로 공을 차라.

## great
[greit]

형용사 1. **훌륭한, 멋진** 반의어 terrible 형편없는
2. **큰, 거대한**

Einstein was a **great** scientist.
아인슈타인은 **훌륭한** 과학자였다.

## mirror
[mírər]

명사 **거울**

He is looking in the **mirror**.
그가 **거울**을 보고 있다.

139

**A** 단어를 듣고, 빈칸에 들어갈 알맞은 글자를 쓰세요.

1  __ i r

2  m o r __ i n __

3  h o __ e __ o r k

4  t __ w n

5  b __ e

6  __ r e a __

**B** 우리말 뜻에 알맞은 단어가 되도록 글자를 바르게 배열하여 쓰세요.

1 발     o t o f     ___ ___ ___ ___

2 만지다, 건드리다     h u o t c     ___ ___ ___ ___ ___

3 차, 자동차     r c a     ___ ___ ___

4 아침, 오전     i n g n r m o     ___ ___ ___ ___ ___ ___ ___

5 크기; 치수     s e i z     ___ ___ ___ ___

6 쓰다     e w t r i     ___ ___ ___ ___ ___

**C** 그림에 알맞은 단어와 우리말 뜻을 찾아 줄을 이어 보세요.

① · · foot · · 차, 자동차

② · · air · · 거울

③ · · car · · 공기, 대기

④ · · mirror · · 발

**D** 우리말 뜻에 알맞은 단어를 〈보기〉에서 골라 문장을 완성하세요.

| 보기 | write | great | touch | mirror |

① 그 개를 **만지지** 마.
Don't _____ the dog.

② 당신의 전화번호를 **써주세요**.
Please _____ your phone number.

③ 그는 **거울**을 보고 있다.
He is looking in the _____.

④ 아인슈타인은 **훌륭한** 과학자였다.
Einstein was a _____ scientist.

# DAY 30

**cook**
[kuk]

동사 **요리하다**　명사 **요리사**

I will **cook** dinner today.
내가 오늘 저녁 식사를 **요리할** 것이다.

**farm**
[fɑ:rm]

명사 **농장**　명사 **farmer 농부**

He grows chickens on his **farm**.
그는 **농장**에서 닭을 키운다.

**neck**
[nek]

명사 **목**

She tied a scarf around her **neck**.
그녀는 **목**에 스카프를 맸다.

**finish**
[fíniʃ]

동사 1. **끝내다, 마치다**
　　2. **끝나다**　유의어 **end 끝나다**

Did you **finish** your homework?
너는 숙제를 **끝냈니**?

**soccer**
[sάkər]

명사 **축구**

He is the best **soccer** player.
그는 최고의 **축구** 선수이다.

**airport**
[érpɔ̀rt]

명사 **공항**

I should arrive at the **airport** by ten.
나는 **공항**에 10시까지 도착해야 한다.

## monkey
[mʌ́ŋki]

명사 **원숭이**

The **monkey** is eating a banana.
원숭이가 바나나를 먹고 있다.

## up
[ʌp]

부사 **위로, 위에** 전치사 **~의 위에**
반의어 **down** 아래로, 아래에; ~의 아래에

Put your hands **up**.
손을 위로 올려라.

## dish
[diʃ]

명사 **접시, 그릇** 유의어 **plate** 접시

wash the **dishes**
그릇을 씻다 (설거지를 하다)
참고 **bowl** (움푹한) 그릇, 사발

## nice
[nais]

형용사 1. **좋은, 멋진** 2. **친절한, 다정한**

She always looks **nice**.
그녀는 언제나 **멋져** 보인다.

## after
[ǽftər]

전치사 [시간·순서] **~ 뒤에, 후에**
접속사 **~한 뒤에** 반의어 **before** ~ 전에; ~하기 전에

Ice becomes water **after** a few hours.
얼음은 몇 시간 **후에** 물이 된다.

## strawberry
[strɔ́:bèri]

명사 **딸기**

**Strawberries** are in season now.
딸기는 지금 제철이다.

**A** 들려주는 순서대로 일치하는 그림에 번호를 쓰고, 알맞은 단어와 이어 보세요.

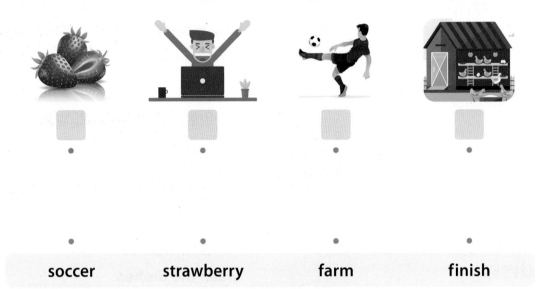

soccer          strawberry          farm          finish

**B** 우리말 뜻에 알맞은 단어가 되도록 글자를 바르게 배열하여 쓰세요.

❶ 요리하다          o k c o          ___ ___ ___ ___

❷ ~ 뒤에, 후에          e f r t a          ___ ___ ___ ___ ___

❸ 축구          e c c s r o          ___ ___ ___ ___ ___ ___

❹ 끝내다, 마치다          n h i i s f          ___ ___ ___ ___ ___ ___

❺ 좋은, 멋진          n e c i          ___ ___ ___ ___

❻ 원숭이          n o k e m y          ___ ___ ___ ___ ___ ___

**C** 그림에 알맞은 단어를 쓰고 퍼즐에서 찾아 동그라미 하세요.

❶

❷

_____

_____

❸

❹

_____

_____

| l | h | d | a | k | e | a |
|---|---|---|---|---|---|---|
| a | n | w | i | r | o | m |
| x | e | s | r | s | k | o |
| v | c | z | p | h | h | n |
| z | k | c | o | b | n | k |
| o | g | a | r | d | t | e |
| p | i | n | t | w | u | y |

**D** 우리말 뜻에 알맞은 단어를 〈보기〉에서 골라 문장을 완성하세요.

| 보기 | cook | nice | after | up |
|---|---|---|---|---|

❶ 손을 **위로** 올려라.

Put your hands _____.

❷ 그녀는 언제나 **멋져** 보인다.

She always looks _____.

❸ 내가 오늘 저녁 식사를 **요리할** 것이다.

I will _____ dinner today.

❹ 얼음은 몇 시간 **후에** 물이 된다.

Ice becomes water _____ a few hours.

**bridge**

[bridʒ]

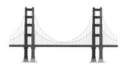

명사 **다리**

a **bridge** over the river

강 위에 있는 **다리**

**door**

[dɔːr]

명사 **문**

Don't forget to lock the **door**.

**문** 잠그는 거 잊지 마.

**money**

[mʌ́ni]

명사 **돈**

She earns a lot of **money**.

그녀는 많은 **돈**을 번다.

참고 coin 동전 bill 지폐

**milk**

[milk]

명사 **우유**

I drink a cup of **milk** every morning.

나는 매일 아침 **우유** 한 잔을 마신다.

**hold**

[hould]

동사 1. **잡다, 들다** 유의어 take 잡다, 받다
2. **유지하다**

Please **hold** my hand.

내 손을 잡아줘.

**sport**

[spɔːrt]

명사 <u>**스포츠, 운동**</u>

I like to watch **sports**.

나는 **스포츠**를 보는 것을 좋아한다.

## kite
[kait]

명사 연

The boy is flying a **kite**.
남자아이가 **연**을 날리고 있다.

## apple
[æpl]

명사 사과

We picked **apples** from a tree.
우리는 나무에서 **사과**를 땄다.

## both
[bouθ]

형용사 둘 다의, 양쪽의　대명사 둘 다, 양쪽

**Both** Jane's parents are teachers.
제인의 부모님은 **두 분 다** 선생님이시다.
참고 each 각자의, 각각의; 각자, 각각

## smile
[smail]

동사 미소 짓다, 웃다　명사 미소, 웃음

She always **smiles** at people.
그녀는 항상 사람들에게 **미소 짓는다**.
참고 laugh (소리 내어) 웃다; 웃음(소리)

## also
[ɔ́:lsou]

부사 또한, ~도　유의어 too (~도) 또한

He can **also** play the guitar.
그는 **또한** 기타도 연주할 수 있다.

## classmate
[klǽsmèit]

명사 반 친구

I have many **classmates**.
나는 **반 친구**들이 많다.

147

A 단어를 듣고, 빈칸에 들어갈 알맞은 글자를 쓰세요.

①  bo__h

②  __oor

③  ho__d

④  s__o__t

⑤  __las__ma__e

⑥  ki__e

B 우리말 뜻에 알맞은 단어가 되도록 글자를 바르게 배열하여 쓰세요.

① 잡다, 들다　　　o h d l　　　＿ ＿ ＿ ＿

② 또한, ~도　　　s l o a　　　＿ ＿ ＿ ＿

③ 다리　　　g e d b i r　　　＿ ＿ ＿ ＿ ＿ ＿

④ 돈　　　n e m y o　　　＿ ＿ ＿ ＿ ＿

⑤ 사과　　　l a e p p　　　＿ ＿ ＿ ＿ ＿

⑥ 미소 짓다, 웃다　　　m e s i l　　　＿ ＿ ＿ ＿ ＿

**C** 그림에 알맞은 단어와 우리말 뜻을 찾아 줄을 이어 보세요.

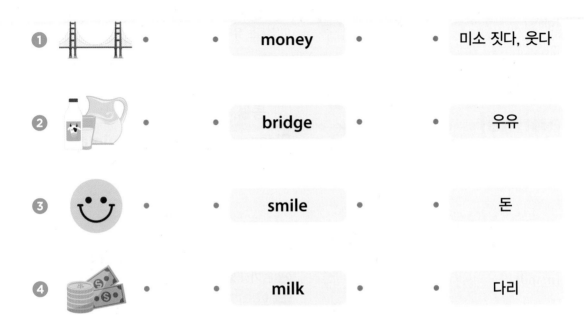

❶ ・ ・ money ・ ・ 미소 짓다, 웃다

❷ ・ ・ bridge ・ ・ 우유

❸ ・ ・ smile ・ ・ 돈

❹ ・ ・ milk ・ ・ 다리

**D** 우리말 뜻에 알맞은 단어를 〈보기〉에서 골라 문장을 완성하세요.

| 보기 | kite | both | also | apples |

❶ 남자아이가 **연**을 날리고 있다.

The boy is flying a _____.

❷ 우리는 나무에서 **사과**를 땄다.

We picked _____ from a tree.

❸ 그는 **또한** 기타도 연주할 수 있다.

He can _____ play the guitar.

❹ 제인의 부모님은 **두 분 다** 선생님이시다.

_____ Jane's parents are teachers.

# DAY 32

## glass
[glæs]

명사 1. 유리  2. 유리잔

**This dish is made of glass.**
이 접시는 **유리**로 만들어졌다.

## animal
[ǽnəməl]

명사 **동물, 짐승**

**Please don't feed the animals.**
**동물**들에게 먹이를 주지 마세요.

## month
[mʌnθ]

명사 **달, 1개월**

**February is the shortest month.**
2월은 가장 짧은 **달**이다.
참고 **year** 연, 1년

## bake
[beik]

동사 (빵·과자 등을) 굽다  명사 baker 제빵사

**I will bake some cookies for her.**
나는 그녀를 위해 쿠키를 **구울** 것이다.

## ruler
[rúːlər]

명사 1. (길이를 재는) 자  2. 통치자, 지배자

**Draw a line with a ruler.**
**자**를 대고 선을 그어라.

## tennis
[ténis]

명사 **테니스**

**The tennis ball went over the net.**
**테니스**공이 네트를 넘어갔다.

## ugly
[ʌ́gli]

형용사 **못생긴** 반의어 handsome 잘생긴, 멋진

**The monster looks ugly.**
그 괴물은 **못생겼다**.

## kind
[kaind]

명사 **종류** 유의어 type 종류, 유형
형용사 **친절한** 유의어 friendly 친절한, 상냥한

**What kind of dessert do you like?**
넌 어떤 **종류**의 후식을 좋아하니?

## hill
[hil]

명사 **언덕**

**The ball rolled down the hill.**
공이 **언덕** 아래로 굴러 내려갔다.

## balloon
[bəlúːn]

명사 **풍선**

**blow up a balloon**
**풍선**을 불다

## table
[téibl]

명사 **탁자, 식탁**

**The food is on the table.**
음식이 **식탁** 위에 있다.

## remember
[rimémbər]

동사 **기억하다** 반의어 forget 잊다, 잊어버리다

**Do you remember me?**
나를 **기억하니**?

A 들려주는 순서대로 일치하는 그림에 번호를 쓰고, 알맞은 단어와 이어 보세요. 🎧

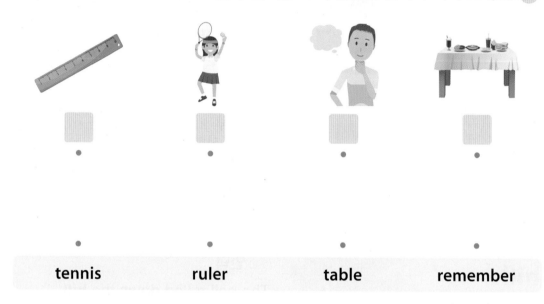

tennis          ruler          table          remember

B 우리말 뜻에 알맞은 단어가 되도록 글자를 바르게 배열하여 쓰세요.

① 동물, 짐승    a l i n m a    __ __ __ __ __ __

② 못생긴    g u l y    __ __ __ __

③ 풍선    l b a l o n o    __ __ __ __ __ __ __

④ 굽다    e k b a    __ __ __ __

⑤ 달, 1개월    n m t o h    __ __ __ __ __

⑥ 종류    d n k i    __ __ __ __

**C** 그림에 알맞은 단어를 쓰고 퍼즐에서 찾아 동그라미 하세요.

①
_____

②
_____

③
_____

④
_____

| b | a | k | e | d | v |
|---|---|---|---|---|---|
| s | e | f | l | h | e |
| t | h | u | a | i | l |
| w | e | j | g | l | n |
| s | n | o | a | l | w |
| g | l | a | s | s | y |

**D** 우리말 뜻에 알맞은 단어를 〈보기〉에서 골라 문장을 완성하세요.

보기  **animals     ruler     remember     month**

① 나를 **기억하니**?
**Do you _____ me?**

② **동물들**에게 먹이를 주지 마세요.
**Please don't feed the _____.**

③ **자**를 대고 선을 그어라.
**Draw a line with a _____.**

④ 2월은 가장 짧은 **달**이다.
**February is the shortest _____.**

# REVIEW TEST

**A** 각 영어 단어의 우리말 뜻을 쓰세요.

1. money _____
2. both _____
3. smile _____
4. car _____
5. town _____
6. kite _____
7. size _____
8. ruler _____
9. ugly _____
10. foot _____
11. soccer _____
12. after _____
13. door _____
14. also _____
15. morning _____
16. nice _____

**B** 우리말 뜻에 맞는 영어 단어를 고르세요.

1. 끝내다, 마치다    ① find    ② finish    ③ begin
2. 공항    ① airport    ② market    ③ park
3. 농장    ① shop    ② farm    ③ library
4. 잡다, 들다    ① open    ② put    ③ hold
5. 벌    ① bee    ② monkey    ③ ant
6. 다리    ① road    ② garden    ③ bridge
7. 쓰다    ① write    ② read    ③ choose
8. 달, 1개월    ① day    ② week    ③ month
9. 만지다, 건드리다    ① wash    ② watch    ③ touch
10. 굽다    ① bake    ② pack    ③ learn

**C** 우리말 뜻에 맞는 영어 단어를 쓰세요.

1. 거울 _____
2. 동물, 짐승 _____
3. 사과 _____
4. 언덕 _____
5. <u>스포츠, 운동</u> _____
6. 요리하다 _____
7. 공기, 대기 _____
8. 유리; 유리잔 _____
9. 돈 _____
10. 숙제, 과제 _____
11. 우유 _____
12. 테니스 _____
13. 목 _____
14. 반 친구 _____
15. 원숭이 _____
16. 탁자, 식탁 _____
17. 풍선 _____
18. 딸기 _____

**D** 주어진 단어와 <u>반대인</u> 뜻을 가진 단어를 〈보기〉에서 골라 쓰세요.

| 보기 | down | terrible | forget |
|---|---|---|---|

1. up _____
2. remember _____
3. great _____

**E** 주어진 단어와 <u>비슷한</u> 뜻을 가진 단어를 〈보기〉에서 골라 쓰세요.

| 보기 | plate | end | type |
|---|---|---|---|

1. finish _____
2. kind _____
3. dish _____

**cow**
[kau]

명사 젖소, 암소

**Cows** give us fresh milk.
젖소는 우리에게 신선한 우유를 준다.

**smell**
[smel]

동사 냄새가 나다, 냄새를 맡다  명사 냄새, 향

This tea **smells** sweet.
이 차에서는 달콤한 **냄새가 난다.**

**draw**
[drɔː]

동사 1. (연필·펜 등으로) 그리다
     2. 끌다, 끌어당기다

**draw** a picture of a house
집 그림을 그리다

**red**
[red]

형용사 빨간, 붉은  명사 빨간색

A **red** rose is a symbol of love.
**빨간** 장미는 사랑의 상징이다.

**place**
[pleis]

명사 장소, 곳

I know a good **place** to have lunch.
나는 점심을 먹을 좋은 **장소를** 알아.

**hospital**
[háspitl]

명사 병원

Jenny is staying in the **hospital**.
제니는 **병원에** 입원 중이다.

156

## arm
[ɑːrm]

명사 **팔**

She put her **arms** around me.
그녀는 나에게 **팔**을 둘렀다.

## bike
[baik]

명사 **자전거 (= bicycle)**

Let's go for a **bike** ride.
**자전거** 타러 가자.

## date
[deit]

명사 **날짜**

What is the **date** of her wedding?
그녀의 결혼식 **날짜**가 언제인가요?
참고 day 하루, 날

## young
[jʌŋ]

형용사 **어린, 젊은** 반의어 old 나이 든, 늙은

These toys are for **young** children.
이 장난감들은 **어린**아이들을 위한 것이다.

## grass
[græs]

명사 1. **풀** 2. **잔디(밭)**

**Grass** needs light to grow.
풀은 자라는 데 빛이 필요하다.

## beside
[bisáid]

전치사 **~ 옆에** 유의어 next to ~ 옆에

Please sit **beside** me.
내 **옆에** 앉아.

**A** 단어를 듣고, 빈칸에 들어갈 알맞은 글자를 쓰세요. 🎧

①  g__as__

②  co__

③  da__e

④  __oun__

⑤  sme___

⑥  __os__i__al

**B** 우리말 뜻에 알맞은 단어가 되도록 글자를 바르게 배열하여 쓰세요.

① 빨간, 붉은    e r d     ___ ___ ___

② 팔    m a r     ___ ___ ___

③ 냄새가 나다    s l m l e     ___ ___ ___ ___ ___

④ 장소, 곳    l p c a e     ___ ___ ___ ___ ___

⑤ 그리다    w r a d     ___ ___ ___ ___

⑥ ~ 옆에    s b i d e e     ___ ___ ___ ___ ___ ___

**C** 그림에 알맞은 단어와 우리말 뜻을 찾아 줄을 이어 보세요.

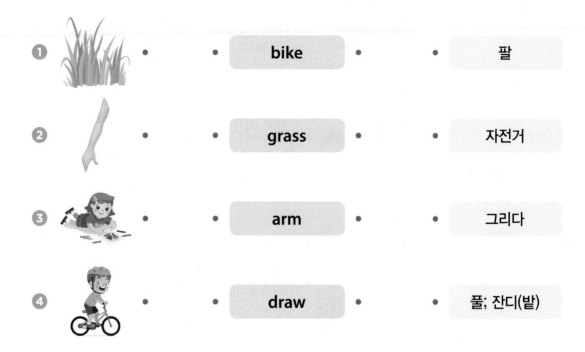

| | | |
|---|---|---|
| ① 🌿 | bike | 팔 |
| ② 💪 | grass | 자전거 |
| ③ 🧒 | arm | 그리다 |
| ④ 🚲 | draw | 풀; 잔디(밭) |

**D** 우리말 뜻에 알맞은 단어를 〈보기〉에서 골라 문장을 완성하세요.

> 보기    date        beside        hospital        place

① 내 **옆에** 앉아.

Please sit _____ me.

② 제니는 **병원**에 입원 중이다.

Jenny is staying in the _____.

③ 나는 점심을 먹을 좋은 **장소**를 알아.

I know a good _____ to have lunch.

④ 그녀의 결혼식 **날짜**가 언제인가요?

What is the _____ of her wedding?

# DAY 34

## pink
[piŋk]

형용사 **분홍색의**  명사 **분홍색**

Those **pink** flowers are cherry blossoms.
저 **분홍색의** 꽃들은 벚꽃이다.

## warm
[wɔːrm]

형용사 **따뜻한, 따스한**  반의어 cool 시원한

It is **warm** under the blanket.
담요 속은 **따뜻하다**.

## boat
[bout]

명사 **배, 보트**

He crossed the river by **boat**.
그는 **배**를 타고 강을 건넜다.
참고 ship (큰) 배, 선박

## love
[lʌv]

명사 **사랑**  동사 **사랑하다**

He fell in **love** with the girl.
그는 그 소녀와 **사랑**에 빠졌다.

## wait
[weit]

동사 **기다리다**

Please **wait** in line.
줄 서서 **기다리세요**.

## snack
[snæk]

명사 **간식**

I want potato chips for a **snack**.
나는 **간식**으로 감자 칩을 먹고 싶다.

## year
[jiər]

명사 1. 해, 연, 1년  2. 나이

There are twelve months in a **year**.
1년에는 열두 달이 있다.

## close
[klouz]

동사 닫다  유의어 shut 닫다

**Close** the window, please.
창문 좀 닫아줘.

## before
[bifɔ́ːr]

전치사 1. [시간] ~ 전에  2. [위치] ~ 앞에
접속사 ~하기 전에  반의어 after ~ 뒤에; ~한 뒤에

Come back home **before** 6:00 p.m.
오후 6시 **전에** 집으로 돌아와라.

## zoo
[zuː]

명사 동물원

Many kinds of animals are in the **zoo**.
동물원에 많은 종류의 동물들이 있다.

## map
[mæp]

명사 지도

Can you find Korea on the **map**?
지도에서 한국을 찾을 수 있니?

## sound
[saund]

명사 소리  동사 ~처럼 들리다

the **sound** of the guitar
기타 소리

# DAILY TEST

**A** 들려주는 순서대로 일치하는 그림에 번호를 쓰고, 알맞은 단어와 이어 보세요.

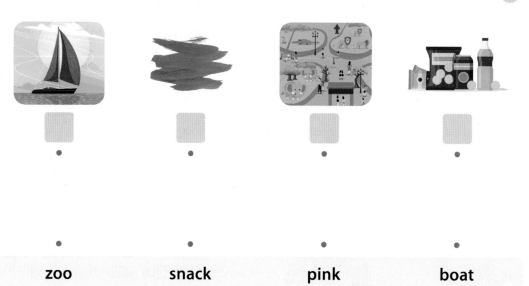

zoo          snack          pink          boat

**B** 우리말 뜻에 알맞은 단어가 되도록 글자를 바르게 배열하여 쓰세요.

❶ 기다리다      i a w t      ___ ___ ___ ___

❷ 따뜻한        m w r a      ___ ___ ___ ___

❸ 지도          a m p        ___ ___ ___

❹ 닫다          e c o l s     ___ ___ ___ ___ ___

❺ ~ 전에; ~ 앞에   b o e e r f   ___ ___ ___ ___ ___ ___

❻ 간식          c k n s a     ___ ___ ___ ___ ___

**C** 그림에 알맞은 단어를 쓰고 퍼즐에서 찾아 동그라미 하세요.

❶

❷

_____

_____

❸

_____

❹

_____

| l | h | v | e | m | b |
|---|---|---|---|---|---|
| d | o | f | c | a | s |
| y | l | v | m | p | o |
| u | f | v | e | s | u |
| b | n | f | c | o | n |
| w | y | e | a | r | d |

**D** 우리말 뜻에 알맞은 단어를 〈보기〉에서 골라 문장을 완성하세요.

| 보기 | close | pink | year | before |
|---|---|---|---|---|

❶ 저 **분홍색의** 꽃들은 벚꽃이다.
Those _____ flowers are cherry blossoms.

❷ 오후 6시 **전에** 집으로 돌아와라.
Come back home _____ 6:00 p.m.

❸ **1년**에는 열두 달이 있다.
There are twelve months in a _____.

❹ 창문 좀 **닫아줘.**
_____ the window, please.

# DAY 35

## book
[buk]

명사 **책**

I have to return the **books** to the library.
나는 그 **책**들을 도서관에 반납해야 한다.

## listen
[lísn]

동사 **(귀 기울여) 듣다**

**listen** to the music
음악을 듣다
참고 hear (들리는 소리를) 듣다, 들리다

## mail
[meil]

명사 **1. 우편  2. 전자우편, 이메일**

I will send you a ticket by **mail.**
당신에게 표를 **우편**으로 보내드릴게요.

## party
[pá:rti]

명사 **파티, 잔치**

Are you going to the Christmas **party**?
너는 크리스마스 **파티**에 갈 거니?

## lake
[leik]

명사 **호수**

They are fishing at the **lake.**
그들은 **호수**에서 낚시하고 있다.

## thirsty
[θə́:rsti]

형용사 **목이 마른**

I feel hungry and **thirsty.**
나는 배가 고프고 **목이 마르다.**

164

## enter
[éntər]

동사 1. **들어가다** 반의어 leave 떠나다
2. **입학하다**

**enter** a room
방에 **들어가다**

## nurse
[nəːrs]

명사 **간호사**

A **nurse** looks after sick people.
**간호사**는 아픈 사람들을 돌본다.

## baseball
[béisbɔːl]

명사 1. **야구** 2. **야구공**

I like to watch **baseball** games.
나는 **야구** 경기 보는 것을 좋아한다.

## window
[wíndou]

명사 **창문**

A bee flew in through the **window**.
벌 한 마리가 **창문**을 통해 날아들어 왔다.

## brave
[breiv]

형용사 **용감한** 반의어 afraid 겁내는

They are strong and **brave** soldiers.
그들은 강하고 **용감한** 군인들이다.

## grandfather
[grǽndfàːðər]

명사 **할아버지**

My **grandfather** wears glasses.
우리 **할아버지**는 안경을 쓰신다.
참고 grandmother 할머니

**A** 단어를 듣고, 빈칸에 들어갈 알맞은 글자를 쓰세요. 🎧

 ① l__st__n

 ② nu___e

 ③ wi__do__

 ④ mai__

 ⑤ __ar__y

 ⑥ g__and__athe__

**B** 우리말 뜻에 알맞은 단어가 되도록 글자를 바르게 배열하여 쓰세요.

① 호수　　elka　　___ ___ ___ ___

② 책　　kobo　　___ ___ ___ ___

③ 간호사　　senur　　___ ___ ___ ___ ___

④ 들어가다　　nerte　　___ ___ ___ ___ ___

⑤ 목이 마른　　hrtisyt　　___ ___ ___ ___ ___ ___ ___

⑥ 용감한　　bevra　　___ ___ ___ ___ ___

**C** 그림에 알맞은 단어와 우리말 뜻을 찾아 줄을 이어 보세요.

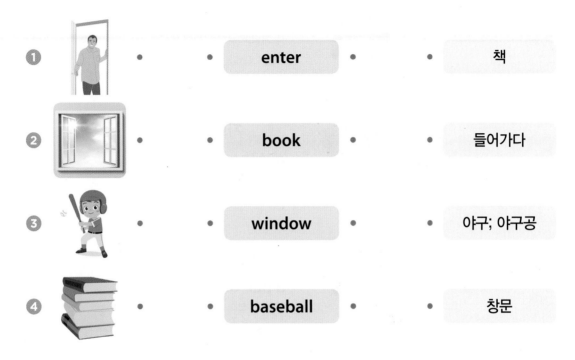

① • • enter • • 책

② • • book • • 들어가다

③ • • window • • 야구; 야구공

④ • • baseball • • 창문

**D** 우리말 뜻에 알맞은 단어를 〈보기〉에서 골라 문장을 완성하세요.

보기   brave      grandfather      party      mail

① 우리 **할아버지**는 안경을 쓰신다.
   My _____ wears glasses.

② 당신에게 표를 **우편**으로 보내드릴게요.
   I will send you a ticket by _____.

③ 그들은 강하고 **용감한** 군인들이다.
   They are strong and _____ soldiers.

④ 너는 크리스마스 **파티**에 갈 거니?
   Are you going to the Christmas _____?

# DAY 36

## bag
[bæg]

명사 1. 가방  2. 봉투, 봉지

**What is in your bag?**
네 **가방**에 무엇이 들어 있니?
참고 **backpack** 배낭

## cut
[kʌt]

동사 1. 자르다  2. 베다

**cut the paper in half**
종이를 반으로 **자르다**

## sock
[sɑk]

명사 양말

**a pair of socks**
**양말** 한 켤레

## late
[leit]

형용사 늦은  부사 늦게  반의어 **early** 이른; 일찍

**She is late for class today.**
그녀는 오늘 수업에 늦었다.

## star
[stɑːr]

명사 1. 별  2. (연예·스포츠계 등의) 스타

**I like to count the stars at night.**
나는 밤에 **별**을 세는 것을 좋아한다.

## now
[nau]

부사 지금, 이제

**It is two o'clock now.**
**지금**은 두 시이다.

## goal
[goul]

명사 1. 목표  2. (경기의) 골, 득점

He tried his best to reach his **goal**.
그는 **목표**를 달성하기 위해 최선을 다했다.

## meat
[mi:t]

명사 고기

I like **meat** more than vegetables.
나는 채소보다 **고기**를 더 좋아한다.

## letter
[létər]

명사 1. 편지  2. 글자, 문자

write a **letter** to a friend
친구에게 **편지**를 쓰다

## believe
[bilí:v]

동사 1. 믿다  2. ~라고 생각하다

I don't **believe** his story.
나는 그의 이야기를 **믿지** 않는다.

## important
[impɔ́:rtənt]

형용사 중요한  명사 importance 중요성

I have an **important** test tomorrow.
나는 내일 **중요한** 시험이 있다.

## restroom
[réstrùm]

명사 (공공장소의) 화장실

Where is the **restroom**?
**화장실**이 어디에 있나요?
참고 bathroom 욕실, 화장실

169

# DAILY TEST

**A** 들려주는 순서대로 일치하는 그림에 번호를 쓰고, 알맞은 단어와 이어 보세요. 🎧

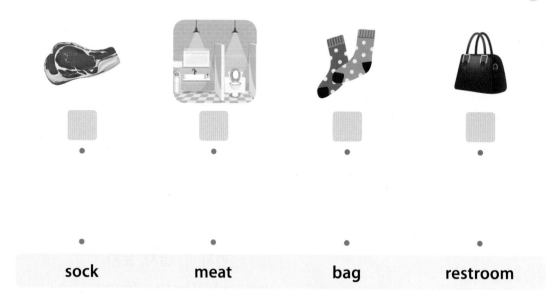

| sock | meat | bag | restroom |

**B** 우리말 뜻에 알맞은 단어가 되도록 글자를 바르게 배열하여 쓰세요.

**1** 자르다; 베다    t u c    ___ ___ ___

**2** 목표; 골, 득점    l o g a    ___ ___ ___ ___

**3** 지금, 이제    w n o    ___ ___ ___

**4** 양말    c s k o    ___ ___ ___ ___

**5** 편지; 글자, 문자    r e l t e t    ___ ___ ___ ___ ___ ___

**6** 고기    a t m e    ___ ___ ___ ___

**C** 그림에 알맞은 단어를 쓰고 퍼즐에서 찾아 동그라미 하세요.

❶

_____

❷

_____

❸

_____

❹

_____

| a | l | b | c | e | z |
|---|---|---|---|---|---|
| k | e | h | o | u | w |
| s | t | a | r | f | t |
| e | t | g | l | a | l |
| n | e | l | a | t | e |
| p | r | s | b | y | o |

**D** 우리말 뜻에 알맞은 단어를 〈보기〉에서 골라 문장을 완성하세요.

| 보기 | stars | important | late | believe |
|---|---|---|---|---|

❶ 나는 그의 이야기를 **믿지** 않는다.

I don't _____ his story.

❷ 그녀는 오늘 수업에 **늦었다.**

She is _____ for class today.

❸ 나는 내일 **중요한** 시험이 있다.

I have an _____ test tomorrow.

❹ 나는 밤에 **별**을 세는 것을 좋아한다.

I like to count the _____ at night.

# REVIEW TEST

**A** 각 영어 단어의 우리말 뜻을 쓰세요.

1. young _____
2. map _____
3. date _____
4. goal _____
5. grandfather _____
6. draw _____
7. sock _____
8. red _____
9. mail _____
10. enter _____
11. year _____
12. boat _____
13. now _____
14. listen _____
15. meat _____
16. cow _____

**B** 우리말 뜻에 맞는 영어 단어를 고르세요.

1. 병원    ① hospital    ② classroom    ③ bank
2. 목이 마른    ① hungry    ② thirsty    ③ sleepy
3. 늦은; 늦게    ① late    ② heavy    ③ short
4. 장소, 곳    ① party    ② map    ③ place
5. 용감한    ① smart    ② angry    ③ brave
6. 기다리다    ① leave    ② wait    ③ enter
7. 야구; 야구공    ① baseball    ② basketball    ③ soccer
8. 자르다; 베다    ① cut    ② hold    ③ wash
9. 믿다; ~라고 생각하다    ① help    ② believe    ③ change
10. 간호사    ① pilot    ② doctor    ③ nurse

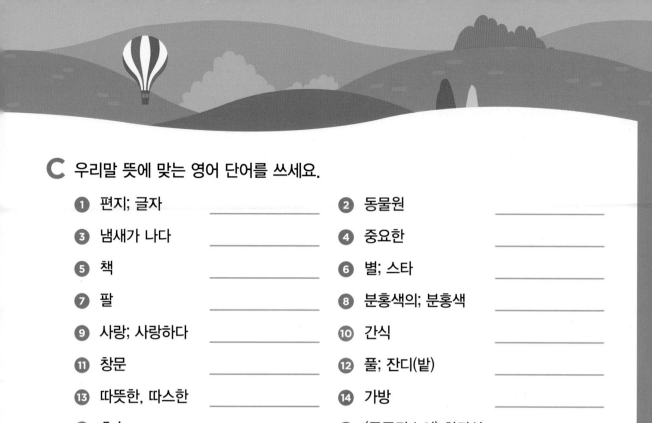

**C** 우리말 뜻에 맞는 영어 단어를 쓰세요.

1. 편지; 글자 _____
2. 동물원 _____
3. 냄새가 나다 _____
4. 중요한 _____
5. 책 _____
6. 별; 스타 _____
7. 팔 _____
8. 분홍색의; 분홍색 _____
9. 사랑; 사랑하다 _____
10. 간식 _____
11. 창문 _____
12. 풀; 잔디(밭) _____
13. 따뜻한, 따스한 _____
14. 가방 _____
15. 호수 _____
16. (공공장소의) 화장실 _____
17. 파티, 잔치 _____
18. 소리; ~처럼 들리다 _____

**D** 주어진 단어와 <u>반대</u>인 뜻을 가진 단어를 〈보기〉에서 골라 쓰세요.

| 보기 | after | early | afraid |
|---|---|---|---|

1. late _____
2. before _____
3. brave _____

**E** 주어진 단어와 <u>비슷한</u> 뜻을 가진 단어를 〈보기〉에서 골라 쓰세요.

| 보기 | bicycle | next to | shut |
|---|---|---|---|

1. close _____
2. beside _____
3. bike _____

**back**
[bæk]

[부사] **뒤로** [명사] 1. **뒤쪽** [반의어] front 앞쪽 2. **등**

He stopped and looked **back**.
그는 멈춰서 **뒤로** 돌아보았다.

**land**
[lænd]

[명사] **땅, 토지** [동사] **착륙하다**

The **land** in a desert is often dry.
사막에 있는 **땅**은 보통 건조하다.

**busy**
[bízi]

[형용사] **바쁜**

My dad is **busy** with his work.
우리 아빠는 일하시느라 **바쁘시다**.

**snow**
[snou]

[명사] **눈** [동사] **눈이 오다** [형용사] snowy 눈이 내리는

A lot of **snow** falls during the winter.
겨울 동안 많은 **눈**이 내린다.

**together**
[təɡéðər]

[부사] **함께, 같이**

They play baseball **together**.
그들은 **함께** 야구를 한다.

**rope**
[roup]

[명사] **밧줄, 로프**

Grab the **rope** and hold it tight.
**밧줄**을 잡고 꽉 쥐어라.

## fly
[flai]

동사 1. 날다 2. 비행하다 명사 파리

Birds have wings so they can **fly**.
새들은 날개가 있어서 **날** 수 있다.

## paper
[péipər]

명사 종이

a piece of **paper**
**종이** 한 장

## wrong
[rɔːŋ]

형용사 1. 틀린, 잘못된 반의어 right 맞는, 정확한
2. 나쁜, 부정한

The man gave me the **wrong** number.
그 남자가 나에게 **틀린** 번호를 알려줬다.

## teach
[tiːtʃ]

동사 가르치다 명사 teacher 교사, 선생

She **teaches** math to students.
그녀는 학생들에게 수학을 **가르친다**.

## drink
[driŋk]

동사 (음료를) 마시다 명사 음료, 마실 것

What would you like to **drink**?
무엇을 **마시고** 싶으신가요?

## picture
[píktʃər]

명사 1. 그림 2. 사진 유의어 photograph 사진

hang a **picture** on the wall
벽에 **그림을** 걸다

# DAILY TEST

**A** 단어를 듣고, 빈칸에 들어갈 알맞은 글자를 쓰세요. 🎧

①  __ i c t u __ e

②  b __ s y

③   r o __ e

④  t o __ e __ h e r

⑤  f __ __ __

⑥  l a __ d

**B** 우리말 뜻에 알맞은 단어가 되도록 글자를 바르게 배열하여 쓰세요.

① 뒤로; 뒤쪽; 등    k c b a    ___ ___ ___ ___

② 틀린, 잘못된    w o g r n    ___ ___ ___ ___

③ 가르치다    c e t h a    ___ ___ ___ ___

④ 눈; 눈이 오다    w o s n    ___ ___ ___ ___

⑤ 날다    y f l    ___ ___ ___

⑥ 종이    r a e p p    ___ ___ ___ ___

**C** 그림에 알맞은 단어와 우리말 뜻을 찾아 줄을 이어 보세요.

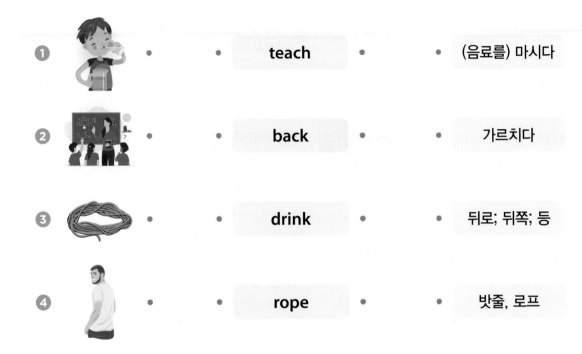

**①** • • teach • • (음료를) 마시다

**②** • • back • • 가르치다

**③** • • drink • • 뒤로; 뒤쪽; 등

**④** • • rope • • 밧줄, 로프

**D** 우리말 뜻에 알맞은 단어를 〈보기〉에서 골라 문장을 완성하세요.

| 보기 | land | wrong | together | busy |

**①** 사막에 있는 **땅**은 보통 건조하다.

The _____ in a desert is often dry.

**②** 그들은 **함께** 야구를 한다.

They play baseball _____.

**③** 우리 아빠는 일하시느라 **바쁘시다**.

My dad is _____ with his work.

**④** 그 남자가 나에게 **틀린** 번호를 알려줬다.

The man gave me the _____ number.

# DAY 38

**head**
[hed]

명사 머리, 고개

Turn your **head**.
고개를 돌려라.

**dark**
[dɑːrk]

형용사 1. 어두운, 캄캄한  2. (색이) 짙은
반의어 light (빛이) 밝은; (색이) 연한

The room is **dark**, so I can't see well.
방이 **어두워서** 잘 안 보인다.

**ring**
[riŋ]

명사 반지  동사 (소리가) 울리다

She is wearing a wedding **ring**.
그녀는 결혼**반지**를 끼고 있다.

**glue**
[gluː]

명사 접착제, 풀

use **glue** to stick paper together
종이를 붙이기 위해 **접착제**를 사용하다

**as**
[əz]

전치사 ~처럼, ~같이

She acts **as** a child.
그녀는 아이**처럼** 행동한다.

**piano**
[piǽnou]

명사 피아노

I played the **piano** for two hours.
나는 두 시간 동안 **피아노**를 연주했다.

## man
[mæn]

명사 (복수형 men) 1. 남자   유의어 guy 남자
2. 사람

**There are two men in the car.**
차 안에 두 명의 **남자들**이 있다.

## ground
[graund]

명사 땅(바닥), 지면   유의어 land 땅, 토지

**The ground is wet after the rain.**
비가 온 후에는 **땅**이 젖는다.

## poor
[puər]

형용사 가난한, 빈곤한   반의어 rich 부유한, 돈 많은

**He gives some food to poor people.**
그는 **가난한** 사람들에게 음식을 준다.

## orange
[ɔ́:rindʒ]

명사 1. 오렌지 2. 주황색   형용사 주황색의

**Oranges have a lot of vitamin C.**
**오렌지**에는 비타민 C가 많이 들어있다.

## kick
[kik]

동사 (발로) 차다

**She was so angry and kicked the can.**
그녀는 너무 화가 나서 깡통을 **발로 찼다**.

## computer
[kəmpjú:tər]

명사 컴퓨터

**work on a computer**
**컴퓨터**로 작업을 하다

A 들려주는 순서대로 일치하는 그림에 번호를 쓰고, 알맞은 단어와 이어 보세요. 🎧

piano      ring      dark      man

B 우리말 뜻에 알맞은 단어가 되도록 글자를 바르게 배열하여 쓰세요.

① 오렌지; 주황색    n e o a r g    __ __ __ __ __ __

② 접착제, 풀    u l e g    __ __ __ __

③ 컴퓨터    c m r u t o e p    __ __ __ __ __ __ __ __

④ (발로) 차다    k k c i    __ __ __ __

⑤ 땅(바닥), 지면    n g o u d r    __ __ __ __ __ __

⑥ 남자; 사람    n m a    __ __ __

**C** 그림에 알맞은 단어를 쓰고 퍼즐에서 찾아 동그라미 하세요.

❶

❷

_____

_____

❸

❹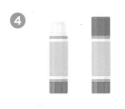

_____

_____

| h | e | a | d | s | j |
|---|---|---|---|---|---|
| p | w | g | j | t | e |
| o | k | u | m | u | x |
| o | g | i | l | v | z |
| r | d | g | c | s | n |
| g | f | e | f | k | p |

**D** 우리말 뜻에 알맞은 단어를 〈보기〉에서 골라 문장을 완성하세요.

> 보기    as      oranges      ground      dark

❶ 그녀는 아이**처럼** 행동한다.

She acts _____ a child.

❷ 비가 온 후에는 **땅**이 젖는다.

The _____ is wet after the rain.

❸ **오렌지**에는 비타민 C가 많이 들어있다.

_____ have a lot of vitamin C.

❹ 방이 **어두워서** 잘 안 보인다.

The room is _____, so I can't see well.

# DAY 39

**key**
[kiː]

명사 **열쇠**

I have the **key** to the classroom.
나는 교실 **열쇠**를 갖고 있다.

**move**
[muːv]

동사 **1. 움직이다, 옮기다   2. 이사하다**

Could you help me **move** this box?
이 상자를 **옮기는** 걸 도와주실 수 있나요?

**hit**
[hit]

동사 **때리다, 치다**

**hit** a ball with a bat
방망이로 공을 **치다**

**out**
[aut]

부사 **밖에, 밖으로**   반의어 in 안에, 안으로

He likes to go **out** for a walk.
그는 산책하러 **밖에** 나가는 걸 좋아한다.

**police**
[pəlíːs]

명사 **경찰**

I'll call the **police**.
내가 **경찰**을 부를게.
참고 **police officer** 경찰관

**phone**
[foun]

명사 **전화(기)** (= telephone)

answer the **phone**
전화를 받다
참고 **cell phone** 휴대전화

## coat
[kout]

명사 외투, 코트

**I need a new winter coat.**
나는 새 겨울 **코트**가 필요하다.

## skin
[skin]

명사 (사람·동물의) 피부

**Put lotion on your skin.**
**피부**에 로션을 바르세요.

## baby
[béibi]

명사 아기

**The baby is crying.**
**아기**가 울고 있다.

## glad
[glæd]

형용사 기쁜, 반가운   유의어 happy 행복한, 기쁜

**I'm glad to work with you.**
저는 당신과 일하게 되어 **기뻐요**.

## watermelon
[wɔ́:tərmèlən]

명사 수박

**A watermelon is red inside.**
**수박**은 속이 빨갛다.

## helicopter
[hélikàptər]

명사 헬리콥터

**The helicopter is flying in the air.**
**헬리콥터**가 공중을 날고 있다.

# DAILY TEST

**A** 단어를 듣고, 빈칸에 들어갈 알맞은 글자를 쓰세요.

**①**
__ h o n __

**②**
h __ t

**③**
o u __

**④**
b __ b __

**⑤**
w a __ e __ m e l __ n

**⑥**
__ e __ i c o __ t e r

**B** 우리말 뜻에 알맞은 단어가 되도록 글자를 바르게 배열하여 쓰세요.

**①** 열쇠     y e k     ___ ___ ___

**②** 기쁜, 반가운     l d a g     ___ ___ ___ ___

**③** 피부     i n k s     ___ ___ ___ ___

**④** 아기     y b b a     ___ ___ ___ ___

**⑤** 움직이다, 옮기다     e m o v     ___ ___ ___ ___

**⑥** 경찰     l o p c i e     ___ ___ ___ ___ ___ ___

## C 그림에 알맞은 단어와 우리말 뜻을 찾아 줄을 이어 보세요.

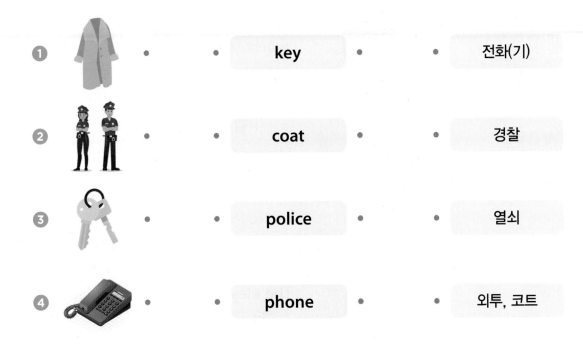

❶ ● ● key ● ● 전화(기)

❷ ● ● coat ● ● 경찰

❸ ● ● police ● ● 열쇠

❹ ● ● phone ● ● 외투, 코트

## D 우리말 뜻에 알맞은 단어를 〈보기〉에서 골라 문장을 완성하세요.

보기    helicopter        glad        move        out

❶ 저는 당신과 일하게 되어 **기뻐요**.
I'm ＿＿＿＿＿ to work with you.

❷ 그는 산책하러 **밖에** 나가는 걸 좋아한다.
He likes to go ＿＿＿＿＿ for a walk.

❸ **헬리콥터**가 공중을 날고 있다.
The ＿＿＿＿＿ is flying in the air.

❹ 이 상자를 **옮기는** 걸 도와주실 수 있나요?
Could you help me ＿＿＿＿＿ this box?

# DAY 40

**black**
[blæk]

형용사 검은색의, 검은　명사 검은색

Is that **black** bag yours?
저 **검은색** 가방이 네 거니?

**way**
[wei]

명사 1. 길, 도로　2. 방법, 방식

I know the **way** to city hall.
나는 시청으로 가는 **길**을 알고 있다.

**full**
[ful]

형용사 1. 가득 찬, 가득한　반의어 empty 비어 있는
　　　 2. 배부른　반의어 hungry 배고픈

The elevator is **full** of people.
엘리베이터는 사람들로 **가득 차** 있다.

**circle**
[sə́ːrkl]

명사 원, 동그라미

They are sitting in a **circle**.
그들은 **원**을 이루어 앉아 있다.
참고 triangle 삼각형　square 정사각형

**queen**
[kwiːn]

명사 여왕

the **queen** of England
영국의 **여왕**
참고 king 왕

**fight**
[fait]

동사 싸우다　명사 싸움

Don't **fight** with your brother.
남동생과 **싸우지** 마라.

## wind
[wind]

명사 **바람**  형용사 windy 바람이 많이 부는

The **wind** is very strong outside.
밖에 **바람**이 매우 강하게 분다.

## down
[daun]

부사 **아래로, 아래에**  전치사 **~의 아래에**
반의어 up 위로, 위에; ~의 위에

I bent **down** to lift the box.
나는 상자를 들어올리기 위해 몸을 **아래로** 굽혔다.

## glove
[glʌv]

명사 **장갑**

The doctor is putting on his **gloves**.
의사가 **장갑**을 끼고 있다.

## marry
[mǽri]

동사 **(~와) 결혼하다**  명사 marriage 결혼

Will you **marry** me?
저와 **결혼해** 주시겠습니까?

## button
[bʌ́tən]

명사 1. **(옷의) 단추**  2. **(벨·기계 등의) 버튼**

This shirt has five **buttons**.
이 셔츠에는 **단추**가 다섯 개 있다.

## potato
[pətéitou]

명사 **감자**

Peel the **potatoes** and cut them.
**감자** 껍질을 벗기고 잘라라.

**A** 들려주는 순서대로 일치하는 그림에 번호를 쓰고, 알맞은 단어와 이어 보세요. 🎧

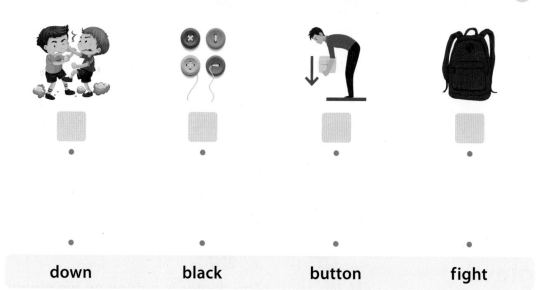

down      black      button      fight

**B** 우리말 뜻에 알맞은 단어가 되도록 글자를 바르게 배열하여 쓰세요.

① 원, 동그라미    e l r c i c    ___ ___ ___ ___ ___ ___

② 감자    t p a o o t    ___ ___ ___ ___ ___ ___

③ 여왕    e u q n e    ___ ___ ___ ___ ___

④ 장갑    v e g o l    ___ ___ ___ ___ ___

⑤ (~와) 결혼하다    r y m a r    ___ ___ ___ ___ ___

⑥ 가득 찬, 가득한    u l f l    ___ ___ ___ ___

**C** 그림에 알맞은 단어를 쓰고 퍼즐에서 찾아 동그라미 하세요.

❶

❷

_____    _____

❸

❹

_____    _____

| k | m | g | q | y | k |
|---|---|---|---|---|---|
| a | w | a | y | e | z |
| b | i | l | r | e | w |
| a | n | a | o | r | q |
| e | d | g | r | n | y |
| c | i | r | c | l | e |

**D** 우리말 뜻에 알맞은 단어를 〈보기〉에서 골라 문장을 완성하세요.

| 보기 | fight | wind | down | full |
|---|---|---|---|---|

❶ 엘리베이터는 사람들로 **가득 차** 있다.

The elevator is _____ of people.

❷ 남동생과 **싸우지** 마라.

Don't _____ with your brother.

❸ 밖에 **바람**이 매우 강하게 분다.

The _____ is very strong outside.

❹ 나는 상자를 들어올리기 위해 몸을 **아래로** 굽혔다.

I bent _____ to lift the box.

# REVIEW TEST

## A 각 영어 단어의 우리말 뜻을 쓰세요.

1. busy _____
2. key _____
3. skin _____
4. out _____
5. land _____
6. black _____
7. down _____
8. way _____
9. together _____
10. back _____
11. phone _____
12. kick _____
13. move _____
14. snow _____
15. wrong _____
16. glad _____

## B 우리말 뜻에 맞는 영어 단어를 고르세요.

1. 싸우다; 싸움    ① touch    ② exercise    ③ fight
2. 가르치다    ① learn    ② teach    ③ study
3. ~처럼, ~같이    ① as    ② to    ③ for
4. 여왕    ① prince    ② king    ③ queen
5. 날다; 비행하다    ① fly    ② jump    ③ pass
6. (음료를) 마시다    ① cook    ② drink    ③ bake
7. 수박    ① strawberry    ② orange    ③ watermelon
8. 경찰    ① doctor    ② police    ③ ruler
9. 바람    ① wind    ② snow    ③ rain
10. 어두운, 캄캄한    ① soft    ② dirty    ③ dark

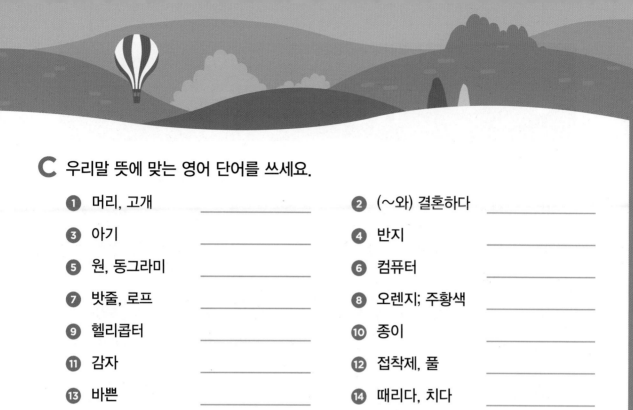

**C** 우리말 뜻에 맞는 영어 단어를 쓰세요.

| | | | |
|---|---|---|---|
| ❶ 머리, 고개 | _____ | ❷ (~와) 결혼하다 | _____ |
| ❸ 아기 | _____ | ❹ 반지 | _____ |
| ❺ 원, 동그라미 | _____ | ❻ 컴퓨터 | _____ |
| ❼ 밧줄, 로프 | _____ | ❽ 오렌지; 주황색 | _____ |
| ❾ 헬리콥터 | _____ | ❿ 종이 | _____ |
| ⑪ 감자 | _____ | ⑫ 접착제, 풀 | _____ |
| ⑬ 바쁜 | _____ | ⑭ 때리다, 치다 | _____ |
| ⑮ (옷의) 단추 | _____ | ⑯ 장갑 | _____ |
| ⑰ 외투, 코트 | _____ | ⑱ 피아노 | _____ |

**D** 주어진 단어와 <u>반대인</u> 뜻을 가진 단어를 〈보기〉에서 골라 쓰세요.

| 보기 | empty | rich | front |
|---|---|---|---|

❶ back _____

❷ poor _____

❸ full _____

**E** 주어진 단어와 <u>비슷한</u> 뜻을 가진 단어를 〈보기〉에서 골라 쓰세요.

| 보기 | land | photograph | guy |
|---|---|---|---|

❶ picture _____

❷ ground _____

❸ man _____

# NUMBERS

one

two

three

four

five

six

seven

eight

nine

ten

Q: How old is your sister?
A: She is ten years old.

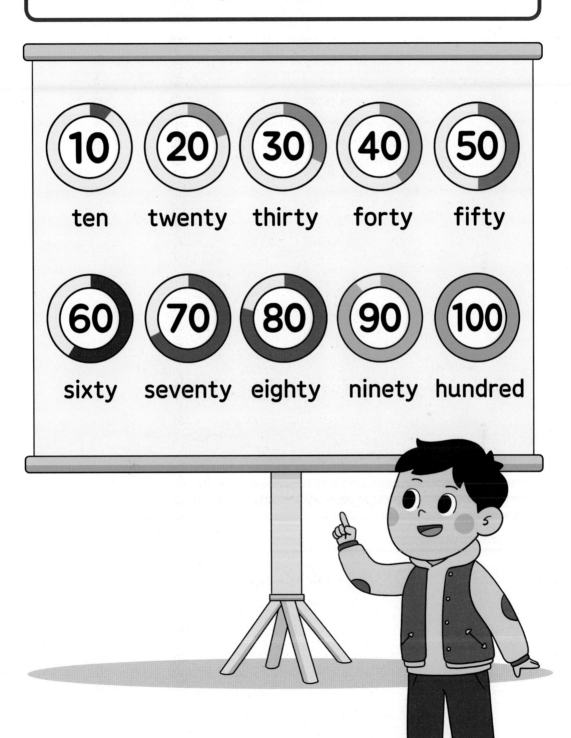

| 10 | 20 | 30 | 40 | 50 |
|----|----|----|----|----|
| ten | twenty | thirty | forty | fifty |

| 60 | 70 | 80 | 90 | 100 |
|----|----|----|----|----|
| sixty | seventy | eighty | ninety | hundred |

# ANSWER KEY

# DAY 01

## DAILY TEST ................................. p. 12

**A**

1. s
2. k
3. a
4. p
5. s, d
6. r

**B**

1. big
2. go
3. room
4. here
5. music
6. story

**C**

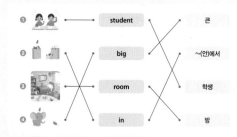

**D**

1. day
2. in
3. go
4. happy

## SCRIPT

**A**

1. music
2. like
3. day
4. happy
5. student
6. word

# DAY 02

## DAILY TEST ................................. p. 16

**A**

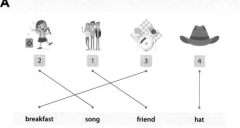

**B**

1. number
2. have
3. soft
4. hat
5. there
6. song

**C**

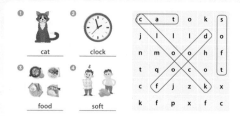

**D**

1. friend
2. have
3. clock
4. breakfast

## SCRIPT

**A**

1. friend
2. song
3. breakfast
4. hat

196

# DAY 03

## DAILY TEST ................................. p. 20

**A**
1. o
3. w
5. u, i

2. l
4. s, t
6. i, r

**B**
1. to
3. season
5. can

2. time
4. doctor
6. guitar

**C**

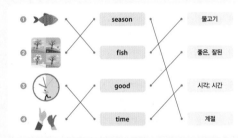

**D**
1. doctor
3. sister

2. want
4. start

## SCRIPT

**A**
1. good
3. want
5. guitar

2. old
4. start
6. sister

# DAY 04

## DAILY TEST ................................. p. 24

**A**

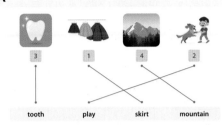

tooth    play    skirt    mountain

**B**
1. many
3. gift
5. winter

2. job
4. favorite
6. play

**C**

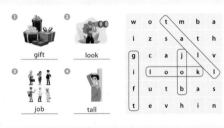

gift   look   job   tall

**D**
1. favorite
3. tall

2. skirt
4. on

## SCRIPT

**A**
1. skirt
3. tooth

2. play
4. mountain

## DAY 01-04
## REVIEW TEST ···················· p. 26

**A**

1. [공간] ~(안)에서; [시간] ~에 **2.** 좋아하다; ~와 같이, ~처럼 **3.** 원하다; ~하고 싶다 **4.** 키가 큰, 높은; 키가 ~인 **5.** ~ 위에; [날짜·시간] ~에 **6.** (동작·행동을) 하다 **7.** 좋은, 잘된; 즐거운, 기쁜 **8.** 놀다; 경기를 하다 **9.** 언니, 누나, 여동생 **10.** 단어, 낱말 **11.** 큰 **12.** ~할 수 있다; ~해도 된다 **13.** 여기에, 이쪽으로 **14.** 시각; 시간, 때 **15.** 하루, 날; 낮 **16.** 산

**B**

| | |
|---|---|
| 1. ① | 2. ③ |
| 3. ② | 4. ③ |
| 5. ① | 6. ③ |
| 7. ③ | 8. ① |
| 9. ② | 10. ③ |

**C**

| | |
|---|---|
| 1. friend | 2. clock |
| 3. go | 4. favorite |
| 5. guitar | 6. winter |
| 7. food | 8. many |
| 9. hat | 10. story |
| 11. doctor | 12. breakfast |
| 13. cat | 14. skirt |
| 15. job | 16. room |
| 17. tooth | 18. word |

**D**

| | |
|---|---|
| 1. bad | 2. young |
| 3. hard | |

**E**

| | |
|---|---|
| 1. glad | 2. begin |
| 3. present | |

## DAY 05

## DAILY TEST ···················· p. 30

**A**

| | |
|---|---|
| 1. p, n | 2. e, e |
| 3. p, h | 4. v |
| 5. p, l | 6. t, h |

**B**

| | |
|---|---|
| 1. long | 2. say |
| 3. mouth | 4. parent |
| 5. very | 6. dollar |

**C**

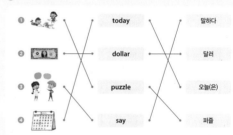

**D**

| | |
|---|---|
| 1. parents | 2. Elephants |
| 3. very | 4. today |

## SCRIPT

**A**

| | |
|---|---|
| 1. spoon | 2. tree |
| 3. elephant | 4. give |
| 5. puzzle | 6. mouth |

# DAY 06

**DAILY TEST** ..................... p. 34

**A**

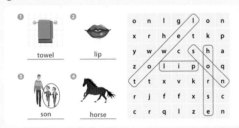

**B**
1. famous     2. carrot
3. smart     4. towel
5. near     6. help

**C**

| o | n | l | g | l | o | n |
|---|---|---|---|---|---|---|
| x | r | h | e | t | k | p |
| y | w | w | c | s | h | a |
| z | o | l | i | p | o | q |
| t | t | x | v | k | r | n |
| r | j | f | f | x | s | c |
| c | r | q | l | z | e | n |

① towel ② lip ③ son ④ horse

**D**
1. help     2. smart
3. near     4. shirt

## SCRIPT

**A**
1. see     2. horse
3. picnic     4. shirt

# DAY 07

**DAILY TEST** ..................... p. 38

**A**
1. p, c     2. v, y
3. n, e     4. o
5. d, y     6. o, e

**B**
1. at     2. uncle
3. bath     4. know
5. will     6. school

**C**

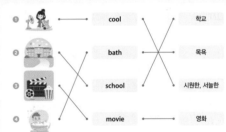

**D**
1. know     2. toy
3. will     4. Every

## SCRIPT

**A**
1. prince     2. every
3. uncle     4. toy
5. diary     6. movie

# DAY 08

## DAILY TEST ····································· p. 42

### A

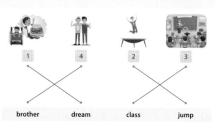

### B

1. ant
2. rain
3. spring
4. fool
5. arrive
6. road

### C

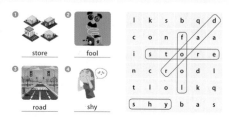

### D

1. spring
2. rain
3. class
4. brother

## SCRIPT

### A

1. dream
2. jump
3. class
4. brother

---

## DAY 05-08
## REVIEW TEST ····················· p. 44

### A

1. 모든; 매~, ~마다 2. (잘 때 꾸는) 꿈; (장래의) 꿈
3. 장난감 4. 반, 학급; 수업 5. ~일 것이다, ~할 것
이다 6. 말하다, 이야기하다 7. 수건, 타월 8. 비;
비가 오다 9. 길, 도로 10. 매우, 아주 11. 개미
12. 뛰어오르다, 점프하다; 뜀질, 점프 13. 숟가락,
스푼 14. 말 15. 알다, 알고 있다 16. [장소] ~에
(서); [시간] ~에

### B

| | |
|---|---|
| 1. ② | 2. ③ |
| 3. ① | 4. ② |
| 5. ③ | 6. ① |
| 7. ② | 8. ② |
| 9. ① | 10. ③ |

### C

| | |
|---|---|
| 1. ant | 2. puzzle |
| 3. picnic | 4. carrot |
| 5. son | 6. tree |
| 7. school | 8. help |
| 9. give | 10. lip |
| 11. bath | 12. shirt |
| 13. dollar | 14. fool |
| 15. uncle | 16. brother |
| 17. movie | 18. smart |

### D

| | |
|---|---|
| 1. warm | 2. short |
| 3. far | |

### E

| | |
|---|---|
| 1. shop | 2. look |
| 3. street | |

# DAY 09

## DAILY TEST p. 48

**A**

1. l
2. n
3. f, g
4. x
5. d
6. y

**B**

1. sick
2. ago
3. come
4. eat
5. news
6. finger

**C**

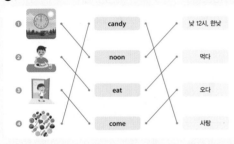

**D**

1. sick
2. fox
3. noon
4. doll

## SCRIPT

**A**

1. doll
2. band
3. finger
4. fox
5. candy
6. easy

# DAY 10

## DAILY TEST p. 52

**A**

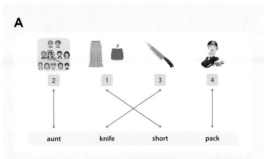

**B**

1. well
2. angry
3. dinner
4. feel
5. from
6. holiday

**C**

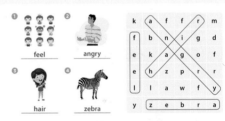

**D**

1. short
2. well
3. dinner
4. from

## SCRIPT

**A**

1. short
2. aunt
3. knife
4. pack

# DAY 11

## DAILY TEST ···································· p. 56

**A**

1. e, w      2. f
3. r, d      4. y
5. n      6. a, r

**B**

1. child      2. quiet
3. park      4. desk
5. stone      6. market

**C**

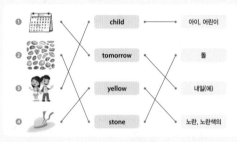

**D**

1. quiet      2. market
3. desk      4. buy

## SCRIPT

**A**

1. yellow      2. find
3. birthday      4. buy
5. note      6. park

# DAY 12

## DAILY TEST ···································· p. 60

**A**

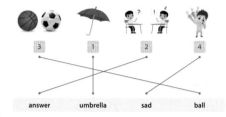

**B**

1. slow      2. bread
3. house      4. lunch
5. honey      6. violin

**C**

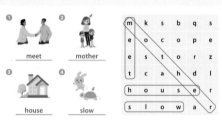

**D**

1. honey      2. lunch
3. mother      4. violin

## SCRIPT

**A**

1. umbrella      2. answer
3. ball      4. sad

# REVIEW TEST ⋯⋯⋯⋯⋯ p. 62

## A
1. 점심 식사 2. 아이, 어린이 3. 칼, 나이프 4. 잘, 훌륭하게; 건강한 5. 화난, 성난 6. [길이·거리·시간] 짧은; 키가 작은 7. 느끼다, ~한 기분이 들다 8. 아픈, 병든 9. 집, 주택 10. 메모; 필기, 노트 11. (악기를 연주하는) 밴드, 악단; 끈, 띠 12. 내일(에); 내일 13. ~ 전에, 이전에 14. 노란, 노란색의; 노란색 15. 조용한 16. 이모, 고모, 숙모

## B
1. ②      2. ③
3. ①      4. ③
5. ②      6. ③
7. ①      8. ②
9. ③      10. ③

## C
1. honey      2. come
3. dinner      4. finger
5. pack      6. market
7. desk      8. zebra
9. doll      10. eat
11. birthday      12. bread
13. candy      14. park
15. violin      16. slow
17. mother      18. umbrella

## D
1. noisy      2. sell
3. difficult

## E
1. rock      2. kid
3. unhappy

# DAY 13

## DAILY TEST ⋯⋯⋯⋯⋯⋯ p. 66

### A
1. t      2. l
3. u      4. d
5. x, c      6. o

### B
1. make      2. stop
3. exercise      4. bank
5. for      6. check

### C
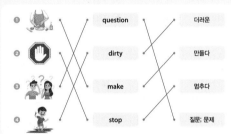

### D
1. for      2. question
3. Check      4. small

## SCRIPT

### A
1. dirty      2. small
3. fruit      4. bed
5. exercise      6. dog

# DAY 14

## DAILY TEST
····························· p. 70

**A**

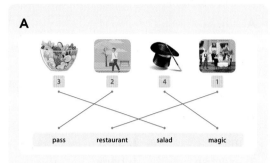

**B**

1. chair
2. fast
3. dance
4. tiger
5. river
6. husband

**C**

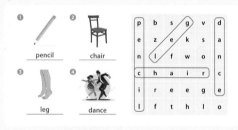

**D**

1. fast
2. restaurant
3. husband
4. salad

## SCRIPT

**A**

1. restaurant
2. pass
3. salad
4. magic

# DAY 15

## DAILY TEST
····························· p. 74

**A**

1. g
2. a, g
3. l, n
4. r
5. v, i
6. l

**B**

1. name
2. get
3. angel
4. clean
5. eraser
6. usually

**C**

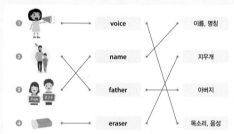

**D**

1. father
2. classroom
3. usually
4. read

## SCRIPT

**A**

1. high
2. angel
3. clean
4. read
5. voice
6. sale

# DAY 16

## DAILY TEST
..................... p. 78

### A

flag · cheap · bad · cloud

### B

1. blue
2. already
3. dress
4. with
5. learn
6. cloud

### C

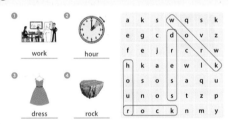

work · hour · dress · rock

### D

1. with
2. cheap
3. bad
4. hours

### SCRIPT

### A

1. cheap
2. bad
3. flag
4. cloud

---

## DAY 13-16
## REVIEW TEST
..................... p. 80

### A

1. 확인하다, 점검하다; 확인, 점검 2. 연필 3. ~와 함께; ~로, ~을 이용하여 4. 일하다, 작업하다; 일, 작업 5. 호랑이 6. 운동하다; 운동, 연습, 훈련 7. 강 8. 받다; 얻다; 사다; 가져오다 9. 더러운, 지저분한 10. 천사 11. 멈추다; 멈춤, 중지 12. 다리 13. 파란, 푸른; 파란색 14. 읽다 15. 나쁜, 안 좋은; 해로운 16. 이름, 명칭

### B

1. ①
2. ③
3. ②
4. ②
5. ③
6. ③
7. ①
8. ②
9. ①
10. ③

### C

1. pass
2. sale
3. cloud
4. hour
5. magic
6. salad
7. dog
8. father
9. voice
10. dance
11. for
12. dress
13. question
14. classroom
15. restaurant
16. tiger
17. already
18. learn

### D

1. clean
2. expensive
3. big

### E

1. stone
2. tall
3. quick

# DAY 17

## DAILY TEST ......... p. 84

**A**
1. o, n
2. h, g
3. s
4. v
5. r, y
6. l, c

**B**
1. garden
2. street
3. paint
4. sun
5. never
6. sleep

**C**

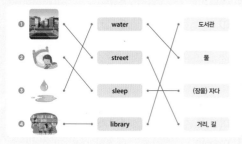

**D**
1. never
2. paint
3. drive
4. woman

## SCRIPT

**A**
1. woman
2. change
3. sun
4. drive
5. library
6. delicious

# DAY 18

## DAILY TEST ......... p. 88

**A**

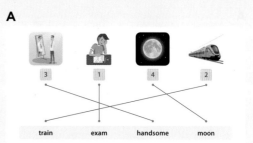

**B**
1. just
2. run
3. pocket
4. train
5. cousin
6. grow

**C**

**D**
1. handsome
2. grow
3. just
4. sugar

## SCRIPT

**A**
1. exam
2. train
3. handsome
4. moon

206

# DAY 19

## DAILY TEST ·································· p. 92

**A**

1. u, l
2. c
3. p, i
4. h, d
5. s, o, s
6. d

**B**

1. frog
2. under
3. kitchen
4. choose
5. deep
6. basket

**C**

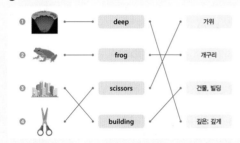

① deep — 깊은; 깊게
② frog — 개구리
③ scissors — 건물, 빌딩
④ building — 가위

**D**

1. basket
2. kitchen
3. captain
4. should

## SCRIPT

**A**

1. building
2. ice
3. captain
4. should
5. scissors
6. cold

# DAY 20

## DAILY TEST ·································· p. 96

**A**

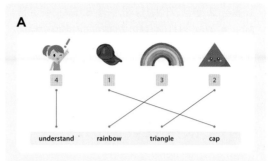

understand   rainbow   triangle   cap

**B**

1. pretty
2. city
3. dry
4. body
5. rainbow
6. how

**C**

① giraffe
② dry
③ city
④ cap

| a | k | s | g | q | s | k |
| e | l | c | i | t | y | z |
| g | e | n | r | a | e | w |
| t | j | b | a | w | l | b |
| t | c | o | f | d | q | o |
| s | a | o | f | a | r | u |
| b | p | r | e | t | x | y |

**D**

1. How
2. yesterday
3. introduce
4. triangle

## SCRIPT

**A**

1. cap
2. triangle
3. rainbow
4. understand

# REVIEW TEST ............ p. 98

## A
1. 얼음 2. 선장, 기장; (팀의) 주장 3. 도시 4. 운전하다 5. 시험; 검사 6. 페인트; 페인트칠하다; 그리다 7. (앞에 챙이 달린) 모자 8. 미친 9. 물; (식물 등에) 물을 주다 10. 선택하다, 고르다 11. 마른, 건조한; 마르다, 말리다 12. 설탕 13. 바구니 14. 놀이, 게임; 경기, 시합 15. 변하다, 바뀌다; 변화시키다, 바꾸다 16. ~해야 한다

## B
| | |
|---|---|
| 1. ③ | 2. ② |
| 3. ③ | 4. ① |
| 5. ② | 6. ③ |
| 7. ② | 8. ① |
| 9. ② | 10. ① |

## C
| | |
|---|---|
| 1. train | 2. body |
| 3. scissors | 4. rainbow |
| 5. frog | 6. library |
| 7. woman | 8. run |
| 9. grow | 10. how |
| 11. sun | 12. pocket |
| 13. giraffe | 14. deep |
| 15. kitchen | 16. yesterday |
| 17. building | 18. triangle |

## D
| | |
|---|---|
| 1. over | 2. ugly |
| 3. hot | |

## E
| | |
|---|---|
| 1. beautiful | 2. test |
| 3. tasty | |

# DAY 21

## DAILY TEST ............ p. 104

### A
| | |
|---|---|
| 1. h | 2. g |
| 3. u | 4. f, w |
| 5. b | 6. v, i |

### B
| | |
|---|---|
| 1. group | 2. sky |
| 3. open | 4. again |
| 5. visit | 6. summer |

### C
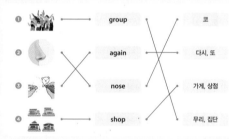

### D
| | |
|---|---|
| 1. open | 2. summer |
| 3. flowers | 4. pig |

## SCRIPT
### A
| | |
|---|---|
| 1. shop | 2. pig |
| 3. put | 4. flower |
| 5. box | 6. visit |

# DAY 22

DAILY TEST ···························· p. 108

## A

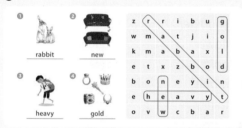

## B

1. cute
2. rabbit
3. new
4. sing
5. where
6. all

## C

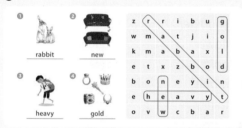

## D

1. all
2. of
3. study
4. colors

## A

1. study
2. grandmother
3. sing
4. color

# DAY 23

DAILY TEST ···························· p. 112

## A

1. f, l
2. k
3. i, t
4. j, e
5. k, b, l
6. p

## B

1. act
2. hungry
3. lion
4. week
5. begin
6. shoulder

## C

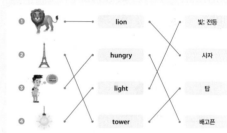

## D

1. begin
2. tower
3. shoulder
4. family

## SCRIPT

## A

1. family
2. week
3. light
4. juice
5. basketball
6. trip

# DAY 24

## DAILY TEST ................................ p. 116

### A

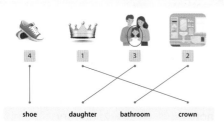

shoe    daughter    bathroom    crown

### B

1. egg
2. bear
3. between
4. curtain
5. right
6. call

### C

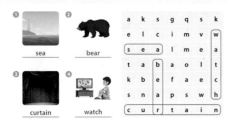

sea    bear    curtain    watch

### D

1. call
2. daughter
3. between
4. crown

## SCRIPT

### A

1. crown
2. bathroom
3. daughter
4. shoe

## DAY 21-24
## REVIEW TEST ....................... p. 118

### A

1. 배고픈  2. 하늘  3. 할머니  4. 왕관  5. 시작하다
6. 다시, 또  7. 방문하다; 방문  8. 어디에, 어디로,
어디에서  9. 상자  10. 모든; 모두, 다  11. 가게, 상
점; 물건을 사다, 쇼핑하다  12. 공부하다, 배우다; 공
부, 연구  13. 욕실, 화장실  14. 보다, 지켜보다
15. 탑  16. 사자

### B

1. ①        2. ②
3. ①        4. ②
5. ③        6. ①
7. ②        8. ①
9. ②        10. ③

### C

1. shoulder    2. call
3. flower      4. daughter
5. gold        6. nose
7. rabbit      8. sing
9. family      10. basketball
11. group      12. light
13. bear       14. curtain
15. egg        16. between
17. pig        18. juice

### D

1. close       2. light
3. old

### E

1. tour        2. ocean
3. pretty

# DAY 25

## DAILY TEST ............................. p. 122

### A
1. r
2. l, v
3. d, m
4. g, h
5. y
6. e, t, f

### B
1. science
2. send
3. bell
4. test
5. leave
6. about

### C

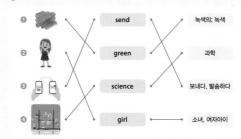

### D
1. about
2. night
3. test
4. beautiful

## SCRIPT

### A
1. girl
2. leave
3. bedroom
4. night
5. eye
6. beautiful

# DAY 26

## DAILY TEST ............................. p. 126

### A

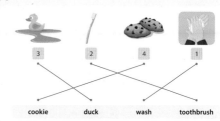

cookie    duck    wash    toothbrush

### B
1. sleepy
2. fire
3. hobby
4. brown
5. always
6. low

### C

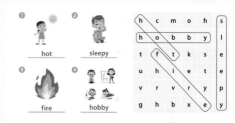

| h | c | m | o | h | s |
|---|---|---|---|---|---|
| h | o | b | b | y | l |
| t | f | t | k | s | e |
| u | h | i | e | t | e |
| v | r | v | r | y | p |
| g | h | b | x | e | y |

### D
1. always
2. Wash
3. or
4. brown

## SCRIPT

### A
1. wash
2. toothbrush
3. duck
4. cookie

# DAY 27

**DAILY TEST** ............................... p. 130

**A**

1. s
2. s
3. u
4. o, y
5. w, d, g
6. f, n, n

**B**

1. hand
2. bird
3. fine
4. little
5. swim
6. subject

**C**

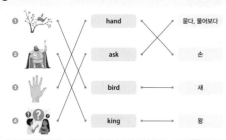

❶ — king
❷ — bird
❸ — ask
❹ — hand

hand — 손
ask — 묻다, 물어보다
bird — 새
king — 왕

**D**

1. wedding
2. boy
3. cup
4. afternoon

## SCRIPT

**A**

1. ask
2. swim
3. cup
4. boy
5. wedding
6. afternoon

# DAY 28

**DAILY TEST** ............................... p. 134

**A**

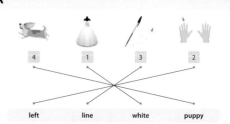

4 — puppy
1 — white
3 — line
2 — left

left   line   white   puppy

**B**

1. behind
2. ship
3. hope
4. white
5. pilot
6. evening

**C**

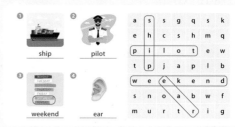

❶ ship   ❷ pilot
❸ weekend   ❹ ear

| a | s | s | g | q | s | k |
|---|---|---|---|---|---|---|
| e | h | c | s | h | m | q |
| p | i | l | o | t | e | w |
| t | p | j | a | p | l | b |
| w | e | e | k | e | n | d |
| s | n | o | a | b | w | f |
| m | u | r | t | r | i | g |

**D**

1. walk
2. weekend
3. behind
4. left

## SCRIPT

**A**

1. white
2. left
3. line
4. puppy

## DAY 25-28
## REVIEW TEST ················· p. 136

**A**

1. 저녁, 밤  2. ~ 뒤에, ~ 뒤로  3. 소녀, 여자아이
4. 더운, 뜨거운; 매운  5. 눈  6. 오리  7. 떠나다; 남기다, 남겨두다  8. 새  9. 또는, 혹은  10. 왕  11. 강아지  12. 결혼식  13. 시험; 검사  14. 바라다, 희망하다; 바람, 희망  15. 왼쪽의; 왼쪽  16. 아름다운

**B**

1. ①          2. ③
3. ①          4. ②
5. ②          6. ①
7. ①          8. ③
9. ②          10. ③

**C**

1. ear          2. brown
3. science      4. ship
5. bedroom      6. hobby
7. sleepy       8. line
9. always       10. boy
11. cookie      12. toothbrush
13. cup         14. green
15. hand        16. afternoon
17. left        18. bell

**D**

1. high         2. big
3. answer

**E**

1. good         2. clean
3. topic

# DAY 29

## DAILY TEST ······················· p. 140

**A**

1. a            2. n, g
3. m, w         4. o
5. e            6. g, t

**B**

1. foot         2. touch
3. car          4. morning
5. size         6. write

**C**

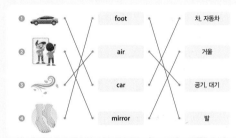

**D**

1. touch        2. write
3. mirror       4. great

## SCRIPT

**A**

1. air          2. morning
3. homework     4. town
5. bee          6. great

# DAY 30

DAILY TEST ............................. p. 144

## A

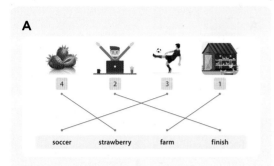

soccer   strawberry   farm   finish

## B

1. cook
2. after
3. soccer
4. finish
5. nice
6. monkey

## C

dish
airport
neck
monkey

## D

1. up
2. nice
3. cook
4. after

## SCRIPT

### A

1. farm
2. finish
3. soccer
4. strawberry

# DAY 31

DAILY TEST ............................. p. 148

## A

1. t
2. d
3. l
4. p, r
5. c, s, t
6. t

## B

1. hold
2. also
3. bridge
4. money
5. apple
6. smile

## C

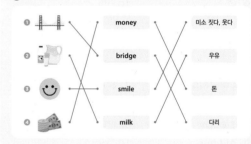

money   미소 짓다, 웃다
bridge   우유
smile   돈
milk   다리

## D

1. kite
2. apples
3. also
4. Both

## SCRIPT

### A

1. both
2. door
3. hold
4. sport
5. classmate
6. kite

# DAY 32

## DAILY TEST ........................ p. 152

### A

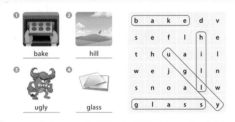

tennis — ruler — table — remember

### B

1. animal
2. ugly
3. balloon
4. bake
5. month
6. kind

### C

bake hill ugly glass

```
b a k e d v
s e f l h e
t h u a i l
w e j g l l
s n o a l w
g l a s s y
```

### D

1. remember
2. animals
3. ruler
4. month

## SCRIPT

### A

1. ruler
2. table
3. remember
4. tennis

### A

1. 돈 2. 둘 다의, 양쪽의; 둘 다, 양쪽 3. 미소 짓다, 웃다; 미소, 웃음 4. 차, 자동차 5. 마을, 동네, (소)도시 6. 연 7. 크기; (옷·신발의) 치수 8. (길이를 재는) 자; 통치자, 지배자 9. 못생긴 10. 발 11. 축구 12. [시간·순서] ~ 뒤에, 후에; ~한 뒤에 13. 문 14. 또한, ~도 15. 아침, 오전 16. 좋은, 멋진; 친절한, 다정한

### B

1. ②　　　　2. ①
3. ②　　　　4. ③
5. ①　　　　6. ③
7. ①　　　　8. ③
9. ③　　　　10. ①

### C

1. mirror
2. animal
3. apple
4. hill
5. sport
6. cook
7. air
8. glass
9. money
10. homework
11. milk
12. tennis
13. neck
14. classmate
15. monkey
16. table
17. balloon
18. strawberry

### D

1. down
2. forget
3. terrible

### E

1. end
2. type
3. plate

# DAY 33

DAILY TEST ····························· p. 158

**A**

**1.** r, s **2.** w
**3.** t **4.** y, g
**5.** l, l **6.** h, p, t

**B**

**1.** red **2.** arm
**3.** smell **4.** place
**5.** draw **6.** beside

**C**

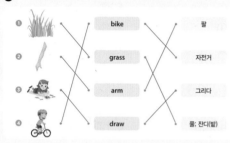

**D**

**1.** beside **2.** hospital
**3.** place **4.** date

## SCRIPT

**A**

**1.** grass **2.** cow
**3.** date **4.** young
**5.** smell **6.** hospital

# DAY 34

DAILY TEST ····························· p. 162

**A**

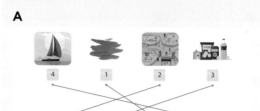

**B**

**1.** wait **2.** warm
**3.** map **4.** close
**5.** before **6.** snack

**C**

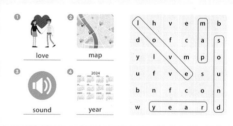

**D**

**1.** pink **2.** before
**3.** year **4.** Close

## SCRIPT

**A**

**1.** pink **2.** zoo
**3.** snack **4.** boat

# DAY 35

## DAILY TEST · · · · · · · · · · · · · · · · · p. 166

**A**

1. i, e
2. r, s
3. n, w
4. l
5. p, t
6. r, f, r

**B**

1. lake
2. book
3. nurse
4. enter
5. thirsty
6. brave

**C**

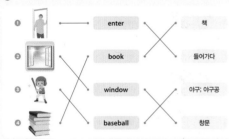

**D**

1. grandfather
2. mail
3. brave
4. party

## SCRIPT

**A**

1. listen
2. nurse
3. window
4. mail
5. party
6. grandfather

# DAY 36

## DAILY TEST · · · · · · · · · · · · · · · · · p. 170

**A**

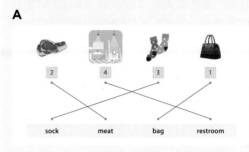

sock    meat    bag    restroom

**B**

1. cut
2. goal
3. now
4. sock
5. letter
6. meat

**C**

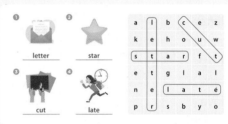

**D**

1. believe
2. late
3. important
4. stars

## SCRIPT

**A**

1. bag
2. meat
3. sock
4. restroom

217

## REVIEW TEST ................... p. 172

### A

1. 어린, 젊은  2. 지도  3. 날짜  4. 목표; (경기의) 골, 득점  5. 할아버지  6. (연필·펜 등으로) 그리다; 끌다, 끌어당기다  7. 양말  8. 빨간, 붉은; 빨간색  9. 우편; 전자우편, 이메일  10. 들어가다; 입학하다  11. 해, 연, 1년; 나이  12. 배, 보트  13. 지금, 이제  14. (귀 기울여) 듣다  15. 고기  16. 젖소, 암소

### B

1. ①          2. ②
3. ①          4. ③
5. ③          6. ②
7. ①          8. ①
9. ②          10. ③

### C

1. letter      2. zoo
3. smell       4. important
5. book        6. star
7. arm         8. pink
9. love        10. snack
11. window     12. grass
13. warm       14. bag
15. lake       16. restroom
17. party      18. sound

### D

1. early       2. after
3. afraid

### E

1. shut        2. next to
3. bicycle

# DAY 37

## DAILY TEST ....................... p. 176

### A

1. p, r        2. u
3. p           4. g, t
5. l, y        6. n

### B

1. back        2. wrong
3. teach       4. snow
5. fly         6. paper

### C

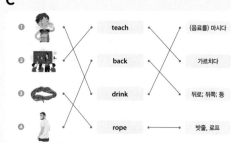

### D

1. land        2. together
3. busy        4. wrong

## SCRIPT

### A

1. picture     2. busy
3. rope        4. together
5. fly         6. land

# DAY 38

DAILY TEST ································· p. 180

## A

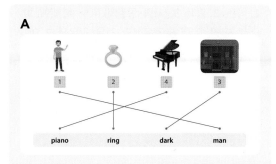

## B

1. orange
2. glue
3. computer
4. kick
5. ground
6. man

## C

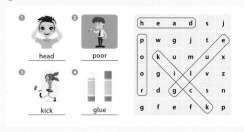

## D

1. as
2. ground
3. Oranges
4. dark

## SCRIPT

### A

1. man
2. ring
3. dark
4. piano

# DAY 39

DAILY TEST ································· p. 184

## A

1. p, e
2. i
3. t
4. a, y
5. t, r, o
6. h, l, p

## B

1. key
2. glad
3. skin
4. baby
5. move
6. police

## C

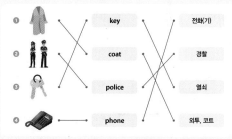

## D

1. glad
2. out
3. helicopter
4. move

## SCRIPT

### A

1. phone
2. hil
3. out
4. baby
5. watermelon
6. helicopter

# DAY 40

## DAILY TEST ............................... p. 188

## A

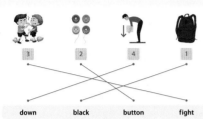

## B

1. circle
2. potato
3. queen
4. glove
5. marry
6. full

## C

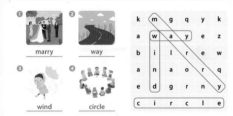

## D

1. full
2. fight
3. wind
4. down

## SCRIPT

### A

1. black
2. button
3. fight
4. down

---

## DAY 37-40
## REVIEW TEST .................... p. 190

## A

1. 바쁜 2. 열쇠 3. (사람·동물의) 피부 4. 밖에, 밖으로 5. 땅, 토지 6. 검은색의, 검은; 검은색 7. 아래로, 아래에; ~의 아래에 8. 길, 도로; 방법, 방식 9. 함께, 같이 10. 뒤로; 뒤쪽; 등 11. 전화(기) 12. (발로) 차다 13. 움직이다, 옮기다; 이사하다 14. 눈; 눈이 오다 15. 틀린, 잘못된; 나쁜, 부정한 16. 기쁜, 반가운

## B

| | |
|---|---|
| 1. ③ | 2. ② |
| 3. ① | 4. ③ |
| 5. ① | 6. ② |
| 7. ③ | 8. ② |
| 9. ① | 10. ③ |

## C

| | |
|---|---|
| 1. head | 2. marry |
| 3. baby | 4. ring |
| 5. circle | 6. computer |
| 7. rope | 8. orange |
| 9. helicopter | 10. paper |
| 11. potato | 12. glue |
| 13. busy | 14. hit |
| 15. button | 16. glove |
| 17. coat | 18. piano |

## D

1. front
2. rich
3. empty

## E

1. photograph
2. land
3. guy

# INDEX

# Z

# MEMO

# MEMO

# MEMO

# MEMO

## 지은이

**NE능률 영어교육연구소**

NE능률 영어교육연구소는 혁신적이며 효율적인 영어 교재를 개발하고
영어 학습의 질을 한 단계 높이고자 노력하는 NE능률의 연구조직입니다.


# 주니어 능률 VOCA 〈Starter 1〉

| | |
|---|---|
| 펴 낸 이 | 주민홍 |
| 펴 낸 곳 | 서울특별시 마포구 월드컵북로 396(상암동) 누리꿈스퀘어 비즈니스타워 10층 |
| | ㈜NE능률 (우편번호 03925) |
| 펴 낸 날 | 2023년 1월 5일 초판 제1쇄 |
| | 2024년 6월 15일 제7쇄 |
| 전     화 | 02 2014 7114 |
| 팩     스 | 02 3142 0356 |
| 홈 페 이 지 | www.neungyule.com |
| 등 록 번 호 | 제1-68호 |
| I S B N | 979-11-253-4048-5 63740 |
| 정     가 | 12,000원 |

NE 능률

## 고객센터

교재 내용 문의 : contact.nebooks.co.kr (별도의 가입 절차 없이 작성 가능)
제품 구매, 교환, 불량, 반품 문의 : 02-2014-7114
☎ 전화문의는 본사 업무시간 중에만 가능합니다.

단어를 따라 쓰고, 큰 소리로 읽어 보세요.

듣고 따라
읽어 보세요.

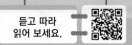

sky
sky
하늘

flower
flower
꽃

put
put
놓다, 넣다, 두다

visit
visit
방문하다; 방문

nose
nose
코

summer
summer
여름

box
box
상자

pig
pig
돼지

shop
shop
가게, 상점

group
group
무리, 집단

again
again
다시, 또

open
open
열려 있는; 열다

단어를 따라 쓰고, 큰 소리로 읽어 보세요.

rabbit
rabbit
토끼

sing
sing
노래하다

cute
cute
귀여운, 예쁜

grandmother
grandmother
할머니

gold
gold
금; 금으로 된

all
all
모든; 모두, 다

how
how
1. 어떻게 2. 얼마나

city
city
도시

pretty
pretty
예쁜, 귀여운

understand
understand
이해하다, 알다

yesterday
yesterday
어제(는); 어제

triangle
triangle
삼각형

44

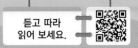

cap

cap

모자

body

body

몸, 신체

dry

dry

마른, 건조한

rainbow

rainbow

무지개

giraffe

giraffe

기린

introduce

introduce

소개하다

of

of

1. ~의  2. ~ 중의

new

new

새, 새로운

color

color

색(깔), 빛깔

where

where

어디에, 어디로

study

study

공부하다, 배우다

heavy

heavy

무거운

tower

tower

탑

scissors

scissors

가위

juice

juice

즙, 주스

cold

cold

추운, 차가운

act

act

행동하다; 행동

kitchen

kitchen

부엌, 주방

lion

lion

사자

under

under

1. ~ 아래에[로]
2. ~ 미만의

hungry

hungry

배고픈

choose

choose

선택하다, 고르다

shoulder

shoulder

어깨

building

building

건물, 빌딩

단어를 따라 쓰고, 큰 소리로 읽어 보세요.

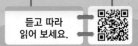

ice
ice
얼음

frog
frog
개구리

should
should
~해야 한다

deep
deep
깊은; 깊게

basket
basket
바구니

captain
captain
선장, 기장

trip
trip
(짧은) 여행

light
light
1. 빛 2. 전등

basketball
basketball
농구

week
week
주, 일주일

begin
begin
시작하다

family
family
가족

# DAY 24

단어를 따라 쓰고, 큰 소리로 읽어 보세요.

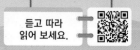

egg
egg
달걀, 알

train
train
기차, 열차

crown
crown
왕관

grow
grow
자라다, 성장하다

sea
sea
바다

cousin
cousin
사촌

right
right
1. 맞는, 정확한
2. 옳은, 바른

handsome
handsome
잘생긴, 멋진

watch
watch
보다, 지켜보다

game
game
놀이, 게임

bathroom
bathroom
욕실, 화장실

pocket
pocket
(호)주머니

# DAY 18

단어를 따라 쓰고, 큰 소리로 읽어 보세요.

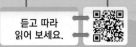

sugar

sugar

설탕

moon

moon

달

run

run

뛰다, 달리다

just

just

1. 딱, 바로 2. 막, 방금

exam

exam

1. 시험 2. 검사

crazy

crazy

미친

bear

bear

곰

call

call

전화하다; 부르다

shoe

shoe

신, 신발

daughter

daughter

딸

curtain

curtain

커튼

between

between

~ 사이에, ~ 중간에

36

49

eye

eye

눈

street

street

거리, 길

bell

bell

종, 종소리

never

never

절대[결코] ~ 않다

test

test

1. 시험 2. 검사

sleep

sleep

(잠을) 자다

girl

girl

소녀, 여자아이

change

change

변하다, 바뀌다;
바꾸다, 변화시키다

night

night

밤, 야간

woman

woman

여자, 여성

send

send

보내다, 발송하다

delicious

delicious

아주 맛있는

# DAY 17

단어를 따라 쓰고, 큰 소리로 읽어 보세요.

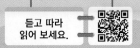

sun

sun

해, 태양

about

about

약, ~쯤

water

water

물

leave

leave

떠나다

paint

paint

페인트;
페인트칠하다

green

green

녹색[초록빛]의

garden

garden

정원, 뜰

bedroom

bedroom

침실

drive

drive

운전하다

beautiful

beautiful

아름다운

library

library

도서관

science

science

과학

단어를 따라 쓰고, 큰 소리로 읽어 보세요.

low
low

낮은; 낮게

hour
hour

1. 1시간 2. 시간

fire
fire

불, 화재

cloud
cloud

구름

hot
hot

더운, 뜨거운

flag
flag

깃발

duck
duck

오리

cheap
cheap

(값이) 싼

always
always

항상, 언제나

learn
learn

배우다

toothbrush
toothbrush

칫솔

already
already

이미, 벌써

단어를 따라 쓰고, 큰 소리로 읽어 보세요.

듣고 따라
읽어 보세요.

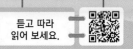

rock

rock

암석, 바위

bad

bad

나쁜, 안 좋은

dress

dress

원피스, 드레스

work

work

일하다, 작업하다

blue

blue

파란, 푸른; 파란색

with

with

~와 함께

or

or

또는, 혹은

cookie

cookie

쿠키

wash

wash

씻다, 세탁하다

sleepy

sleepy

졸린

brown

brown

갈색의; 갈색

hobby

hobby

취미

# DAY 27

단어를 따라 쓰고, 큰 소리로 읽어 보세요.

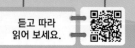

boy
boy
소년, 남자아이

father
father
아버지

hand
hand
손

read
read
읽다

fine
fine
좋은, 훌륭한

eraser
eraser
지우개

king
king
왕

angel
angel
천사

bird
bird
새

usually
usually
보통, 대개

wedding
wedding
결혼식

classroom
classroom
교실

name

name

이름, 명칭

sale

sale

1. 판매 2. 할인 판매

get

get

1. 받다 2. 얻다

clean

clean

깨끗한; 닦다

high

high

높은; 높이, 높게

voice

voice

목소리, 음성

cup

cup

컵, 잔

ask

ask

묻다, 물어보다

little

little

1. 작은 2. 어린

afternoon

afternoon

오후

swim

swim

수영하다, 헤엄치다

subject

subject

1. 주제 2. 과목

단어를 따라 쓰고, 큰 소리로 읽어 보세요.

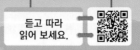
듣고 따라
읽어 보세요.

ear
ear
귀

ship
ship
(큰) 배, 선박

white
white
흰, 흰색의; 흰색

walk
walk
걷다; 걷기, 산책

left
left
왼쪽의; 왼쪽

weekend
weekend
주말

tiger
tiger
호랑이

husband
husband
남편

pencil
pencil
연필

fast
fast
빠른; 빨리

river
river
강

salad
salad
샐러드

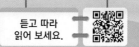

**leg**

leg

다리

**dance**

dance

춤을 추다; 춤

**pass**

pass

지나가다, 통과하다

**chair**

chair

의자

**magic**

magic

마법, 마술

**restaurant**

restaurant

식당, 레스토랑

**evening**

evening

저녁, 밤

**pilot**

pilot

조종사, 비행사

**line**

line

선, 줄

**hope**

hope

바라다, 희망하다

**puppy**

puppy

강아지

**behind**

behind

~ 뒤에, ~ 뒤로

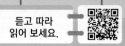

car
car
차, 자동차

check
check
확인하다, 점검하다

air
air
공기, 대기

bank
bank
은행

size
size
1. 크기 2. 치수

for
for
[대상] ~을 위한

morning
morning
아침, 오전

fruit
fruit
과일, 열매

town
town
마을, 동네, (소)도시

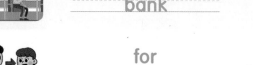

exercise
exercise
운동하다; 운동

write
write
쓰다

bed
bed
침대

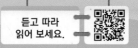

make
make
만들다

bee
bee
벌

small
small
(크기가) 작은

touch
touch
만지다, 건드리다

question
question
1. 질문 2. 문제

homework
homework
숙제, 과제

stop
stop
멈추다; 멈춤, 중지

foot
foot
발

dirty
dirty
더러운, 지저분한

great
great
훌륭한, 멋진

dog
dog
개

mirror
mirror
거울

단어를 따라 쓰고, 큰 소리로 읽어 보세요.

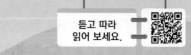
듣고 따라
읽어 보세요.

cook
cook
요리하다; 요리사

slow
slow
느린

farm
farm
농장

neck
neck
목

answer
answer
대답하다; 대답

finish
finish
끝내다, 마치다

honey
honey
꿀, 벌꿀

soccer
soccer
축구

lunch
lunch
점심 식사

airport
airport
공항

umbrella
umbrella
우산

mother
mother
어머니

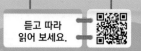

듣고 따라
읽어 보세요.

bread

bread

빵

meet

meet

만나다

violin

violin

바이올린

house

house

집, 주택

sad

sad

슬픈

ball

ball

공

monkey

monkey

원숭이

up

up

위로, 위에

dish

dish

접시, 그릇

nice

nice

좋은, 멋진

after

after

~ 뒤에, 후에

strawberry

strawberry

딸기

단어를 따라 쓰고, 큰 소리로 읽어 보세요.

듣고 따라
읽어 보세요.

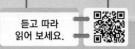

bridge
bridge

다리

door
door

문

money
money

돈

milk
milk

우유

hold
hold

잡다, 들다

sport
sport

스포츠, 운동

note
note

1. 메모 2. 필기

find
find

찾다, 발견하다

birthday
birthday

생일

quiet
quiet

조용한

market
market

시장

tomorrow
tomorrow

내일(에); 내일

단어를 따라 쓰고, 큰 소리로 읽어 보세요.

듣고 따라
읽어 보세요.

buy

buy

사다, 구입하다

kite

kite

연

park

park

공원; 주차하다

apple

apple

사과

desk

desk

책상

both

both

둘 다의, 양쪽의

stone

stone

돌

smile

smile

미소 짓다, 웃다

yellow

yellow

노란, 노란색의

also

also

또한, ~도

child

child

아이, 어린이

classmate

classmate

반 친구

# DAY 32

단어를 따라 쓰고, 큰 소리로 읽어 보세요.

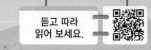

glass

glass

1. 유리 2. 유리잔

animal

animal

동물, 짐승

month

month

달, 1개월

bake

bake

굽다

ruler

ruler

(길이를 재는) 자

tennis

tennis

테니스

pack

pack

1. (짐을) 싸다
2. 포장하다

from

from

1. [장소] ~에서(부터)
2. [시각] ~부터

short

short

1. 짧은 2. 키가 작은

angry

angry

화난, 성난

dinner

dinner

저녁 식사

knife

knife

칼, 나이프

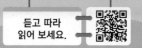

hair
hair

머리(카락), 털

feel
feel

느끼다

holiday
holiday

1. 휴가 2. 휴일

zebra
zebra

얼룩말

well
well

잘, 훌륭하게

aunt
aunt

이모, 고모, 숙모

ugly
ugly

못생긴

kind
kind

종류; 친절한

hill
hill

언덕

balloon
balloon

풍선

table
table

탁자, 식탁

remember
romember

기억하다

듣고 따라
읽어 보세요.

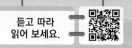

cow
cow

젖소, 암소

smell
smell

냄새가 나다

draw
draw

그리다

red
red

빨간, 붉은

place
place

장소, 곳

hospital
hospital

병원

ago
ago

~ 전에, 이전에

eat
eat

먹다

news
news

1. 소식  2. 뉴스

doll
doll

인형

finger
finger

손가락

noon
noon

낮 12시, 한낮

단어를 따라 쓰고, 큰 소리로 읽어 보세요.

fox
fox
여우

arm
arm
팔

easy
easy
쉬운

bike
bike
자전거

come
come
오다

date
date
날짜

sick
sick
아픈, 병든

young
young
어린, 젊은

candy
candy
사탕

grass
grass
1. 풀, 2. 잔디(밭)

band
band
밴드, 악단

beside
beside
~ 옆에

단어를 따라 쓰고, 큰 소리로 읽어 보세요.

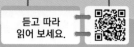

**pink**

pink

분홍색의; 분홍색

**warm**

warm

따뜻한, 따스한

**boat**

boat

배, 보트

**love**

love

사랑; 사랑하다

**wait**

wait

기다리다

**snack**

snack

간식

**store**

store

가게, 상점

**class**

class

1. 반, 학급  2. 수업

**dream**

dream

꿈

**rain**

rain

비; 비가 오다

**fool**

fool

바보; 속이다

**arrive**

arrive

도착하다

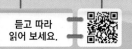

road

road

길, 도로

brother

brother

형, 오빠, 남동생

ant

ant

개미

spring

spring

봄

shy

shy

수줍어하는

jump

Jump

뛰어오르다,
점프하다

year

year

해, 연, 1년

close

close

닫다

before

before

1. ~ 전에 2. ~ 앞에

zoo

zoo

동물원

map

map

지도

sound

sound

소리

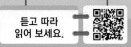

book
book
책

listen
listen
(귀 기울여) 듣다

mail
mail
1. 우편 2. 전자우편

party
party
파티, 잔치

lake
lake
호수

thirsty
thirsty
목이 마른

uncle
uncle
삼촌

prince
prince
왕자

diary
diary
일기, 일기장

know
know
알다, 알고 있다

cool
cool
시원한, 서늘한

movie
movie
영화

toy

toy

장난감

will

will

~일 것이다,
~할 것이다

bath

bath

목욕

school

school

학교

every

every

1. 모든 2. 매~, ~마다

at

at

1. [장소] ~에(서)
2. [시간] ~에

enter

enter

1. 들어가다
2. 입학하다

nurse

nurse

간호사

baseball

baseball

1. 야구 2. 야구공

window

window

창문

brave

brave

용감한

grandfather

grandfather

할아버지

단어를 따라 쓰고, 큰 소리로 읽어 보세요.

bag
bag

1. 가방 2. 봉투

cut
cut

1. 자르다 2. 베다

sock
sock

양말

late
late

늦은; 늦게

star
star

별

now
now

지금, 이제

help
help

돕다, 도와주다

carrot
carrot

당근

son
son

아들

near
near

~ 가까이에; 가까이

towel
towel

수건, 타월

horse
horse

말

단어를 따라 쓰고, 큰 소리로 읽어 보세요.

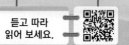

shirt

shirt

셔츠

goal

goal

1. 목표 2. 골, 득점

smart

smart

똑똑한, 영리한

meat

meat

고기

lip

lip

입술

letter

letter

1. 편지 2. 글자

famous

famous

유명한

believe

believe

믿다

see

see

1. 보다 2. 이해하다

important

important

중요한

picnic

picnic

소풍, 피크닉

restroom

restroom

화장실

단어를 따라 쓰고, 큰 소리로 읽어 보세요.

듣고 따라
읽어 보세요.
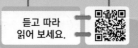

back
back
뒤로; 뒤쪽

land
land
땅, 토지

busy
busy
바쁜

snow
snow
눈; 눈이 오다

together
together
함께, 같이

rope
rope
밧줄, 로프

dollar
dollar
달러

elephant
elephant
코끼리

tree
tree
나무

puzzle
puzzle
퍼즐, 수수께끼

very
very
매우, 아주

say
say
말하다, 이야기하다

단어를 따라 쓰고, 큰 소리로 읽어 보세요.

**today**
today
오늘(은); 오늘

**fly**
fly
1. 날다 2. 비행하다

**give**
give
주다

**paper**
paper
종이

**spoon**
spoon
숟가락, 스푼

**wrong**
wrong
틀린, 잘못된

**parent**
parent
부모

**teach**
teach
가르치다

**long**
long
1. 긴 2. 오랜

**drink**
drink
(음료를) 마시다

**mouth**
mouth
입

**picture**
picture
1. 그림 2. 사진

단어를 따라 쓰고, 큰 소리로 읽어 보세요.

듣고 따라
읽어 보세요.

head

head

머리, 고개

many

many

많은, 여러

dark

dark

어두운, 캄캄한

look

look

보다, 바라보다

ring

ring

반지

play

play

1. 놀다  2. 경기를 하다

glue

glue

접착제, 풀

on

on

1. ~ 위에  2. ~에

as

as

~처럼, ~같이

mountain

mountain

산

piano

piano

피아노

favorite

favorite

가장 좋아하는

job

job

일, 직장

man

man

1. 남자 2. 사람

tooth

tooth

이, 치아

ground

ground

땅(바닥), 지면

gift

gift

1. 선물 2. 재능

poor

poor

가난한, 빈곤한

tall

tall

키가 큰, 높은

orange

orange

1. 오렌지 2. 주황색

winter

winter

겨울

kick

kick

(발로) 차다

skirt

skirt

치마

computer

computer

컴퓨터

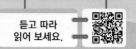

key
key

열쇠

can
can

~할 수 있다

move
move

움직이다, 옮기다

start
start

시작하다

hit
hit

때리다, 치다

old
old

나이 든, 늙은

out
out

밖에, 밖으로

guitar
guitar

기타

police
police

경찰

doctor
doctor

의사

phone
phone

전화(기)

time
time

1. 시각 2. 시간, 때

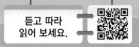

want

want

원하다

to

to

~로, ~쪽으로

good

good

좋은, 잘된

fish

fish

물고기

sister

sister

언니, 누나, 여동생

season

season

계절

coat

coat

외투, 코트

skin

skin

(사람·동물의) 피부

baby

baby

아기

glad

glad

기쁜, 반가운

watermelon

watermelon

수박

helicopter

helicopter

헬리콥터

듣고 따라
읽어 보세요.

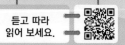

black
black

검은색의, 검은

do
do

(동작·행동을) 하다

way
way

길, 도로

hat
hat

모자

full
full

가득 찬, 가득한

soft
soft

부드러운, 매끄러운

circle
circle

원, 동그라미

clock
clock

시계

queen
queen

여왕

friend
friend

친구

fight
fight

싸우다; 싸움

breakfast
breakfast

아침 식사

# DAY 02

단어를 따라 쓰고, 큰 소리로 읽어 보세요.

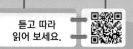

food
food
음식

cat
cat
고양이

song
song
노래

have
have
가지다

number
number
수, 숫자

there
there
거기에, 그곳으로

wind
wind
바람

down
down
아래로, 아래에

glove
glove
장갑

marry
marry
(~와) 결혼하다

button
button
(옷의) 단추

potato
potato
감자

# MEMO

word

word

단어, 낱말

music

music

음악

like

like

좋아하다; ~와 같이

in

in

~(안)에서

room

room

방

happy

happy

행복한, 기쁜

# DAY 01

단어를 따라 쓰고, 큰 소리로 읽어 보세요.

go

go

가다

day

day

하루, 날

story

story

이야기

student

student

학생

big

big

큰

here

here

여기에, 이쪽으로

# MEMO

2

# MEMO

· 초등 교과서 필수 어휘 40일 완성 ·

# 주니어 능률
# VOCA

어휘 암기장  **STARTER 1**

· 초등 교과서 필수 어휘 **40**일 완성 ·

# 주니어 능률
# VOCA

### STARTER 1

1 교육부 지정 초등 권장 단어 수록

2 초등 및 중학 교과서 다빈출 어휘 반영

3 모든 단어에 알맞은 이미지와 구문 및 예문 제시

4 리스트형 어휘 수록으로 암기와 테스트에 최적화 되도록 구성

5 발음기호, 품사, 예문을 모두 제시하여 완성도 있는 학습 가능

6 매일 Daily Test와 4일 단위로 Review Test를 제공하여 반복 학습 제공

7 교재 내 QR코드를 스캔하여 단어 암기 및 발음 연습 가능

· 초등 교과서 필수 어휘 **40**일 완성 ·

주니어 능률
VOCA

STARTER 1

초등 필수 어휘 **480**개 수록
초등 교과서 어휘 완벽 반영

NE능률 영어교육연구소 지음
www.nebooks.co.kr

어휘 암기장

NE 능률

# NE능률 교재 MAP

아래 교재 MAP을 참고하여 본인의 현재 혹은 목표 수준에 따라 교재를 선택하세요.
NE능률 교재들과 함께 영어실력을 쑥쑥~ 올려보세요!
MP3 파일 등 교재 부가 학습 서비스 및 자세한 교재 정보는 www.nebooks.co.kr 에서 확인하세요.

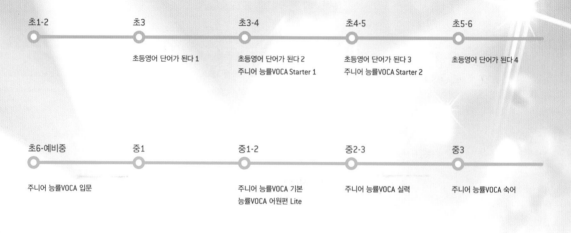

| 초1-2 | 초3 | 초3-4 | 초4-5 | 초5-6 |
|---|---|---|---|---|
| | 초등영어 단어가 된다 1 | 초등영어 단어가 된다 2<br>주니어 능률VOCA Starter 1 | 초등영어 단어가 된다 3<br>주니어 능률VOCA Starter 2 | 초등영어 단어가 된다 4 |

| 초6-예비중 | 중1 | 중1-2 | 중2-3 | 중3 |
|---|---|---|---|---|
| 주니어 능률VOCA 입문 | | 주니어 능률VOCA 기본<br>능률VOCA 어원편 Lite | 주니어 능률VOCA 실력 | 주니어 능률VOCA 숙어 |

| 중3-예비고 | 고1 | 고1-2 | 고2-3 | 고3 |
|---|---|---|---|---|
| | 능률VOCA 어원편<br>능률VOCA 고교기본<br>능률VOCA 숙어<br>TEPS BY STEP L+V Basic | 능률VOCA 고교필수 2000 | 능률VOCA 수능완성 2200<br>특급 수능·EBS 기출 VOCA<br>TEPS BY STEP L+V 1 | |

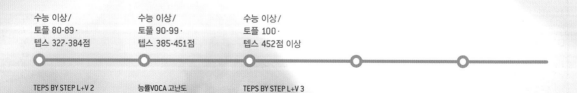

| 수능 이상/<br>토플 80-89·<br>텝스 327-384점 | 수능 이상/<br>토플 90-99·<br>텝스 385-451점 | 수능 이상/<br>토플 100·<br>텝스 452점 이상 | | |
|---|---|---|---|---|
| TEPS BY STEP L+V 2 | 능률VOCA 고난도 | TEPS BY STEP L+V 3 | | |